世界经典名车译丛

逐风机器
世界经典摩托车鉴赏

[意] 路易吉·科尔贝塔（Luigi Corbetta） 编著

童轲炜 汪晶 译

宋涛 主审

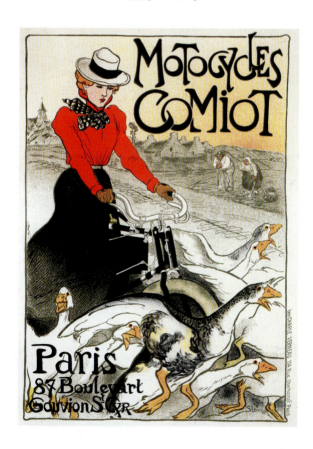

目录

序	8	**1950—1969年**	**130**
前言	10	1950年 MOTO GUZZI FALCONE SPORT	136
引言	13	1958年 凯旋 BONNEVILLE T120 650	140
		1960年 宝马 R69S	144
1910—1929年	**22**	1962年 杜卡迪 SCRAMBLER	150

1993年 杜卡迪 M900 MONSTER	246
1996年 BUELL S1 LIGHTNING	250
1998年 杜卡迪 MH 900E	254
1999年 铃木 GSX 1300 R 隼	260
2001年 本田 金翼 1800	264
2001年 哈雷戴维森 V-ROD	270
2004年 凯旋 ROCKET III	274
2007年 MV AGUSTA F4 R312	280
2007年 杜卡迪 DESMOSEDICI RR	284
2008年 BIMOTA DB7	288
2009年 APRILIA RSV4	292

序

摩托车，特别是它们的发动机，似乎融入了某些人的 DNA。即使是小孩也会对内燃机着迷，他们享受于玩具汽车和自行车带来的乐趣。但是，在我开启职业生涯时，并没有多少人骑摩托车，也许是因为那时摩托车被认为是穷人的交通工具吧。

我第一次骑摩托车的时候，只有 9 岁，内心立刻被奇妙的感觉击中。从那天起，我就知道：我这一生会在两个轮子上生活。感谢 MV Augsta 和雅马哈，成就了我所有的热情、训练和专业水平，我赢得了 15 次世界锦标赛，我可以向你保证，每一刻都永生难忘。

摩托车的世界也经历了巨大的发展。今天，摩托车是一种生活方式的配件，有汽车的人也想拥有摩托车，他们发现了骑行的快感。人们意识到，骑摩托车和骑马一样，与驾驶汽车不同，你必须用技巧来掌握摩托车。

速度的快感激起爱好者的热情，每个人都想更快一点。但我也总说赛车应该在专业场地里，而在公路上我们必须非常小心。一辆快速行驶的摩托车太容易发生意外，因此我们每个人，无论新手或老手，都必须小心，永远不要低估所骑的摩托车。

——Giacomo Agostini

8 页图：Giacomo Agostini 1976 年驾驶 MV Augsta 在 ASSEN 赛道赢得了荷兰大奖赛的冠军。

9 页图：1966 年，Giacomo Agostini 与两辆 MV Augsta 在英格兰 brands hatch 赛道。

前言

最初,几乎没什么人能负担得起行业先驱们制造的早期两轮或三轮摩托车。这些全新的、全手工制造的交通工具,是以自行车的骨架为基础,加装上发动机组装成的。一开始是蒸汽动力,然后很快开始使用内燃机。然而,这些机器只是针对富有又爱炫耀的爱好者,他们喜欢跟随最新潮流。但世界总是会变的。所有的摩托车动力系统最终都变成了内燃机,自行车也进化为完全不同的外观、形状和结构。更重要的是,归功于在第一次世界大战的表现,人们开始理解摩托车不仅是富人的业余爱好,也可以是为每个人提供的交通工具。制造商出于更实用的目的,生产出搭载小型发动机的助动车、踏板摩托,以及其他一些小型轻便摩托车,这些大众负担得起的交通工具,开辟出更大众化的市场。

摩托车从大排量到小型踏板摩托车的50毫升、125毫升、175毫升和250毫升。但其实多年来更主流的排量是500毫升,它们代表着力量、速度和美感,绵延整个20世纪。

尽管经历了各种经济危机和油价上涨,在20世纪70年代,摩托车的排量依然再次开始增加。很快就在摩托车上出现了堪比汽车排量的发动机。但是,如此宏伟的机器对于很多人来说也仅仅是个梦想——流传于摩托车里的传奇。

10页图：这个由戈特利布·戴姆勒 (Gottlieb Daimler) 在 1884 年制造的原型车，被许多人认为是当今摩托车的祖先。它搭载一台单缸四冲程发动机。

11页图：和它的 Norton，500T（1951 年），Norton 是第一批开发越野摩托车的制造商之一。当时只存在于英国，后来才在整个欧洲发展起来。

12~13 页图：19 世纪初，第一辆原始的两轮车主要搭载了蒸汽机，满是尘泥、吵闹、不实用，但同时也是迷人和巧妙的。在这个古代印刷品中，我们看到了名为 Velocipedraisiavaporianna 的德国发明 1818 年在巴黎进行测试。

13 页图：神父欧金尼奥·巴桑蒂（Eugenio Barsanti，左）在年轻时就非常擅长给他的学生们留下深刻印象。他年长几岁的朋友菲利斯·马泰乌奇（Felice Matteucci，右）是一位工程师，他创立了一家公司，两人一起研究内燃机。

引言

"摩托车"这个词在字典上的定义：一种两轮车，以内燃机驱动，可以乘一到两个人。我们若是以此来讨论这种充满乐趣的车辆起源，那要回到1853年，两个意大利人欧金尼奥·巴桑蒂和菲利斯·马泰乌奇在位于佛罗伦萨的Georgofili学院留下了一本笔记，上面描述了他们通过将燃气爆炸的能量转换用作驱动机械的实验。

后来的很长时间里，这两个意大利人的名字都没有同Lenoir、Otto、Benz、Daimler、Maybach和Diesel这些杰出的内燃机先驱一起出现。慕尼黑的德意志博物馆（科学技术的神殿）也没有提及他们。直到最近，作为内燃机发明的创造者之一，这两位杰出发明家的名字才被全世界知晓。他们到底是谁呢？

欧金尼奥·巴桑蒂，1821年10月12日出生于意大利西北部城市卢卡的彼得拉桑塔，自幼身体虚弱，但具有独特的数学和物理学天赋。他17岁时完成学业，违背了父母的意愿而决定当一名牧师。他同时在Ximeniano天文台担任教学工作，教授物理和水力学。更年长一些的菲利斯·马泰乌奇，1808年2月12日出生于卢卡，也具有很强的学习天赋，尤其在水力学和力学方面。当他完成学业时，偶然遇到了巴桑蒂，两人成为朋友，经常待在一起。他们放弃了水力学领域，全心投入到结构力学的研究上，以期望最终做到将氢气和空气混合物爆炸释放的一部分能量，转化用以驱动机械运动。因此，自由活塞式发动机诞生了，它是现代内燃机之父。这个历史性的时刻值得铭记：1853年6月5日。根据卢卡的巴桑蒂和马泰乌奇基金会的说法，欧金尼奥·巴桑蒂神父和菲利斯·马泰乌奇先生在Georgofili学院存放了记录他们实验成功的笔记。

现在，我们已经讨论了内燃机的诞生，可以转向更复杂的摩托车起源问题了。关于这个问题有很多争论，最权威的说法是把这个壮举归功于德国的戈特利布·戴姆勒（Gottlieb Daimler，1834—1900）。1884年，戴姆勒50岁时获得内燃机专利，单缸，四冲程，264毫升排量，能够在700转/分时提供0.5马力（1马力=735.499瓦）。这台发动机成功地安装在一个带有两个大轮子的木制底盘上，一个在前面，另一个在后面，还有两个小侧轮来稳定车身。事实上，许多人声称戴姆勒并不打算"发明"摩托车，因为他对开发内燃机更有兴趣，以期为未来的汽车提供动力。然而，这款车确实可以认为是第一款由内燃机驱动的摩托车。不过除了戴姆勒之外，如果我们将摩托车仅仅定义为一辆由发动机驱动的两轮车，那么可以进一步追溯到1869年和1871年，当时法国的路易斯·纪尧姆·百乐（Louis Guillaume Perreaux）将一个单缸304毫升蒸汽机连接到一台Michaux自行车上。而在这个故事里，这位1816年出生在Alménéches的伟大机械工程师佩罗和戴姆勒的鲜明区别是，他明确地想要制造一辆摩托车。在他自己写的手册里，他把这种车称为VGV（Vélocipéde à Grande Vitesse，高速两轮或三轮自行车）。

在两轮/三轮摩托车的发展史上，还有许多其他名字。其中，已经提到的是西尔维斯特·罗珀（Silvester Roper，被一些历史学家认为是第一个蒸汽动力摩托车的创造者）和来自美国的卢修斯·科普兰（Lucius Copeland）、菲利克斯·米勒（Felix Millet），来自法国的博德罗莎（Beau de Rochas），来自英国的爱德华·巴特勒（Edward Butler，在"内燃机之父"之名的争议中戴姆勒的竞争者）和意大利人朱塞佩·莫尼戈蒂（Giuseppe Murnigotti）。

在19世纪下半叶开始的时候，有很多人试图用自己的蒸汽机或内燃机来发明汽

14页图：1869年，法国人路易斯·纪尧姆·百乐把一个单缸304毫升蒸汽机成功地装载在Michaux自行车上，成为一辆真正的摩托车。

15页图：爱德华·巴特勒正在骑自己由汽油发动机驱动的三轮车，名为"汽油自行车"（Petrol-Cycle）。这辆三轮车设计于1884年，三年后完成制造。

车，有些人会更特立独行一些。但是，大部分都是小批量生产和手工制作。而谈及大规模量产，或说至少是成为一个满足大量消费者的产业，则必须提到希尔德布兰德和沃夫穆勒。

1855年10月17日出生于慕尼黑的亨利·希尔德布兰德（Henry Hildebrand），毕业于机械工程专业，他与另一位巴伐利亚人阿洛伊斯·沃夫穆勒（Alois Wolfmüller）合作，共同研究和制造各种内燃机，来代替不可靠和不实用的蒸汽机。

在二冲程单缸发动机发明之后，技师汉斯·盖森霍夫（Hans Geisenhof）和亨利的兄弟威廉（Wilhelm）两人一起设

16页上图：法国人马蒂斯·阿尔伯特·迪翁（Marquis Albert de Dion）和乔治·布顿（Georges Bouton）初始创立的公司生产蒸汽机和内燃机。

Le comte de Dion sur son tricycle

16~17 页图:1900 年,Orient Trike 是美国第一辆三轮摩托车,它由法国 De Dion-Bouton 发动机驱动。

17 页上图:侯爵阿尔伯特·迪翁骑着他的一辆三轮摩托。其三轮结构特别稳定,可以轻松地拉动一辆载有乘客的小车。

计了一台四冲程水冷对置发动机,总排量为1490毫升。下一步是将发动机安装到"自行车式"的底盘上,这一步并没有完全成功。

这辆车随后被评估、改进,并换了更合适一些的底盘。然而,吸引他们的并非只是车本身,也包括他们决定建立一家以此为工业基础的公司。

希尔德布兰德和沃夫穆勒意识到:在全世界对摩托车这个新事物的怀疑和恐惧之后,民众已经做好准备接受摩托车了。于是,他们在慕尼黑建立了一个生产摩托车的工厂,针对提高可靠性和降低成本做了很多探索——这两条正是摩托车潜在客户最大的痛点。

意识到广告的重要性,包括法国人皮埃尔·吉法尔(Pierre Giffard)和英国人赫伯特·奥斯巴登顿·邓肯(Herbert Osbaldeston Duncan)在内的四名记者和行业专家加入。尤其是邓肯,在驾驶摩托车之后彻底爱上了它们,并要求在法国获得制造摩托车的执照(在轻型摩托车的品类之下)。不过最后由于各种问题,例如起动机故障和传动缺陷,"希尔德布兰德和沃夫穆勒"品牌在 20 世纪开始之前关门大吉。但是,摩托车工业化的理念已经建立。从 1900 年至今,已经成立了数十家摩托车制造公司。

当时的一些摩托车品牌直到今天仍有活力,但也有很多的品牌在 20 世纪 40 年代就已经消失,第二次世界大战后没能复兴。

这点上我们该把眼光放到法国。法

Le Motocycle "PERFECTA"
à moteur de DION-BOUTON

Jantes acier WESTWOOD

Roues de 65 ou 70 c/m

Encliquetage à l'arrière

FREINS à tambour à l'avant et à l'arrière

PONT UNIQUE

Gros Roulements

Prix net. — Moteur de 2 chevaux	1500	Type amateur moteur de 3 chevaux ½	1900
Moteur de 2 chevaux ¾	1700	Supplément pour changement de vitesse	400

Tricycle "PHÉBUS"

Moteurs de Dion-Bouton 2 ch. 1/4 ou Aster 2 ch. 1/2

Gros Pneumatiques DUNLOP

Modèle de route 1500
Modèle de route à pont armé 1650

Tricycle "Licence de DION-BOUTON"

Construit avec le moteur de 2 ch. 3/4 et toutes les pièces de l'usine de Dion-Bouton

PRIX 1600

Tricycle "Marot-Gardon"
Modèle Créanche

Moteur de Dion-Bouton 2 chev. 1/4

Points saillants de la construction : Pont unique à axe central. 3 freins à tambour sur les roues arrière et le différentiel. Tous les organes enfermés même la chaîne. Jambes de renfort allant du carter à la selle et du moteur au carter.
Prix .... 1650 fr.

Tricycle "BASTAERT"

avec moteur de Dion-Bouton 2 ch. 1/4 ou Aster 2 ch. 1/2

Le plus beau tricycle qui existe, le seul ayant les avantages suivants : Pont tournant permettant changement de pignons en 5 m. Frein à enroulement dans l'huile. Billes de 12 partout. Construction spéciale sur commande. Prix .... 1500 fr.
(Moteurs de 3 à 6 chevaux. Prix sur demande).

LA Motocyclette "Werner"

entièrement perfectionnée en 1900 est munie de l'allumage électrique avec dispositif d'avance à l'étincelle autorisant les plus grandes vitesses et le ralentissement progressif.

Le nouveau **moteur léger de 1 ch. ¼** permet au cavalier d'aborder presque toutes les côtes sans l'intermédiaire des pédales.

Le réservoir contient 2 litres d'essence pour parcourir 120 kilomètres environ.
Cadre de 56. Roues de 0,65. Cadre de 60. Roues de 0,70.
Gros Pneumatiques de 50 m/m.

PRIX .... 975 fr.

L'Intermédiaire Vélocipédique, vend tous ces modèles payables en **12 mois**

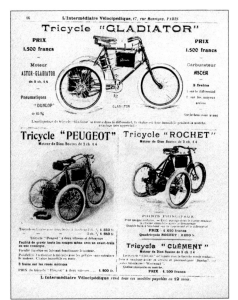

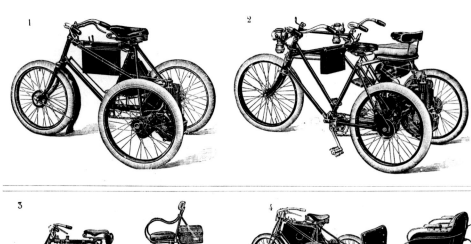

国除了上述的百乐（Perreaux）和标致（Peugeot）品牌（可能是仍在运转的最古老的摩托车工厂）之外，在1800年到1910年之间，法国在摩托车发展方面发挥了重要作用，塑造了摩托车早期历史，决定了其发展方向。

比如 De Dion 三轮摩托车，被世界各地仿制。还有由法国人乔治·戈蒂耶（Georges Gauthier）在1902年发明的 auto-fauteuil[⊖]，或被称为 gicleur motocyclette（1901年 Werner 兄弟使用的），当时广为人知。

18页图和19页左图：1900年，在自行车品类下面的两个广告。

19页右图：19世纪后期，汽车和摩托车设计之间的差异可以忽略不计，但在短短几年内，这两种交通工具的发展就走上了截然不同的路线。

20~21页图：凯旋可以称得上是英国最负盛名的摩托车品牌。其中最有影响力和最著名的设计之一是优雅和快速的双缸 Twin 500。图中是1948年的版本。

⊖ 直译为"自行座椅"，即在原始踏板摩托车的座椅上添加了扶手——译者注。

1910—1929年

轻度摩托化的自行车被真正的摩托车代替，它们迷人、坚固，但一开始不易驾驭。

摩托车的历史在许多方面令人着迷。有些年代，短时间内技术飞速发展。而在其他时候，技术发展似乎停滞不前，难见任何创新，至少表面上看起来如此。战争和经济危机等周期性的剧变加剧了这个现象，刺激了新的观念，或是对整个行业施加了限制。20世纪初，摩托车工厂数量不断增加，技术上也有了突破性的发展，但随着第一次世界大战的到来，热情的环境被迅速冻结。摩托车不单单被视为休闲运输工具，而是被视为可运送口粮、武器和士兵的军用车辆，特别是那些装有挎斗的摩托车，是大量为军队建造的。

一般来说，这些摩托车仍然不算舒适，它们具有刚性的底盘，一种与当时自行车类似的结构，并且很难驾驶。起动机需要特别注意，还要留意发动机的提前量、与燃料结合的空气量、维持的转速，以及每10秒或15秒循环的机油量。脚和手必须一直忙碌，操作各种杠杆和开关来控制变速器等部件。车辆通常有三个主要齿轮，

23 页图：几十年来，著名和不太著名的画家从事平面设计工作。摩托车是前景，还有女人和动物，被鲜艳的色彩装点，表现出运动和自由的风格，比如图中这张 1906 年在法国第戎为 Terrot 摩托车创作的海报。

24~25 页图：在第一次世界大战结束时，士兵们站在摩托车上观看凡尔赛代表团前来签署 1919 年的和平条约。

25 页上图：1910 年，一名法国车手在赛道试车。摩托车和速度一直是密不可分的。摩托车的第一场比赛就是出于不断提高机器极限的愿望而诞生的。

25 页中图：美军设立的野战车库，用于 1916 年美军对墨西哥的征伐，攻占潘乔别墅。

25 页下图：1914 年，一名童子军在驾驶哈雷戴维森（Harley-Davidson）。摩托车现在已经有了自己的特色，并开始征服城市。

26 页上图:1920 年阿尔伯特王子(后来的英国乔治六世国王)驾驶着一辆摩托车前往剑桥大学上课。

26~27 页上图:1922 年,洛杉矶警察局的警察们骑在新配发的印第安摩托车上,在经销商门前合影。

27 页上图:女人、发动机和自由,是广告中经常用来吸引顾客的三个要素。图中是 1926 年的英国BSA摩托车。

需要一直调控：加速、离合和制动。

战争的结束标志着新的大发展时代的开始，不仅在技术领域，同样也在美学领域。当时的发动机大部分是四冲程的，发动机性能必须保证，可靠性也得到了大幅提升。这很大程度上得益于航空工业的发展。制造细节得到了改善，加工更加精确。之前不得不根据地形路况手动操作的油泵现在变成了自动的。之前一次性使用的机油，现在可以回收并循环使用。基于原始自行车和简单管架制造的底盘框架经历了彻底的改变。事实上，车辆需要更坚固，不仅仅因为发动机变得越来越重，人们的关注重点也发生了变化。随着重量的增加，性能也随之提高，在大多数摩托车上安装的后制动器已经不够用了。舒适性也被考虑进来，之前是可选配件的前照灯，这些年开始越来越多地成为标配。另外一个显著提高行驶舒适性和道路稳定性的创新是前后悬架的应用，所有主流制造商都开发了各自不同的悬架。除少数例外，油箱也进行了相当大的重新设计。之前布置在上梁下的块状油箱，开始逐渐变圆润，并放置在底盘上梁的顶部。

摩托车的外观也发生着改变，从缓慢而不舒服的交通工具发展成为一种更加舒适、快速和高效的机动车。来自法国的Alcyon和标致引入了搭载了四气门的发动机；来自美国的摩托品牌印第安在1914年上市的Indian Handee Special Model上首次引入了电动起动器；来自英国的摩托品牌维利尔斯（Villiers）发动机工厂的杰出技师弗兰克·法勒（Frank H. Farrer）发明了飞轮式磁电机；丹麦的摩托品牌Nimbus在1919年引入万向节传动轴，取代了之前的链传动，而链传动之前已经取代了带传动。在20世纪20年代后期，随着簧片阀的引入，二冲程发动机也有所改进（最早是奥地利的Titan，后来是德国的DKW 350 UB）。最后，装备有预选器的脚踏变速器最早出现在大约1929年的英国品牌Vélocette 350上，它终结了并不实用的手动换档。

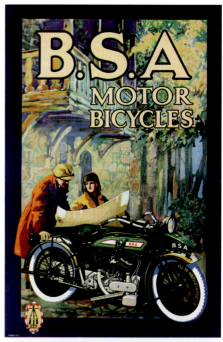

27页下图：1904年的海报，由著名法国艺术家Hugo d'Alesi描绘的格里芬。

28 页图：一名英国皇家空军护士骑着摩托车，挎斗里坐着一名军官。这个插图体现了第一次世界大战期间女性角色的重要性。

28~29 页图：20 世纪 20 年代的润滑油广告，通常放置在汽车和摩托车经销店。

1913年
哈雷戴维森 TWIN 1000

哈雷戴维森是美国的传奇品牌。这个历史悠久的摩托车制造商诞生于美国,以其创始人的名字命名,大多数车型都搭载其标志性的V型双缸发动机,全世界扬名。它坚固、可靠、动力并不太强,但充满浪漫主义精神,带着独特的个性。虽然不乏模仿者,但是哈雷的各种车型仍然是美国摩托车里最著名的代表,是美国人的"国民摩托"。对于大多数爱好者来说是最终的"必备品"。

该公司由威廉·哈雷(William Harley)和亚瑟·戴维森(Arthur Davidson)创立。他俩是邻居、同学、朋友和同事,都在位于威斯康星州密歇根湖边密尔沃基的Barth制造公司工作。哈雷是一名设计师,戴维森是一名模型制作师。这两个人都对摩托

32页上图:由于具有良好的通用性和灵活、坚韧的特点,哈雷戴维森很快成为搭配挎斗摩托车的最佳选择之一。

32~33页图:1913年链条传动代替带传动,发动机排量从810毫升增加到1000毫升,三挡变速器慢慢成为标配,销量大幅上升。

车充满激情，出于热爱，他俩开始联手设计制造搭载在摩托车上的发动机。这个项目在戴维森家花园内的木制小屋里进行，获得了成功。但发动机还需要改进，需要更合适的底盘。为了进一步发展，他们找到奥尔·埃文鲁德（Ole Evinrude）和埃米尔·克鲁格（Emile Kruger）加盟。埃文鲁德在随后的几年成为著名的外部发动机供应商。而克鲁格是当时在法国De Dion工作的德国移民。然后，他们又招募了戴维森的兄弟沃尔特，沃尔特当时为铁路公司工作，是一位熟练的机械师和铁匠。在这些人的共同努力下，1903年，哈雷戴维森这个品牌下的第一辆摩托车建成了。一个新时代就此开始。

接下来，第二辆车也很快造好了，更多车型接踵而至。定价为200美元的单缸400毫升摩托车，大约有3马力的动力，可以达到40千米/时的速度。成功很快到来，在第二辆车诞生之后，哈雷戴维森接着发布了Silent Grey Fellow（安静的灰色家伙）。与此同时，作为设计师，年轻的哈雷意识到：未来要造出更好的产品，

33页上图：哈雷·戴维森也在迅速地传到欧洲。图中是1916年在新英格兰经销商门前拍摄的照片，全新的哈雷摩托车装在特有的木箱里。

33页下图：20世纪早期，哈雷戴维森的装配线。每个工人负责组装一辆摩托车的全部部件。

单纯做一个野路子的设计师是远远不够的，还需要掌握扎实的设计理论，这是他所欠缺的。于是他决定去读大学里的工程课程。

1907年是哈雷戴维森历史上至关重要的一年。当年9月17日哈雷戴维森摩托车公司成立，亚瑟戴维森的另外一个兄弟威廉戴维森（William Davidson）也加入了公司。同一时期，威廉·哈雷（大家都称呼他Bill）开始着手设计著名的标志性的V型47度双缸发动机。配备这款发动机的第一款车型于1909年推出，排量为810毫升，对置气门，无换挡齿轮，使用带传动。与直到今天生产的单缸相比，最大功率都要大出一倍多，使摩托车速度可以轻松达到88.5千米/时。解决了之前一些可靠性问题，如润滑不足或者严重的振动，V型双缸开始快速发展，在1912年排量增加到1000毫升。充满活力，动力强劲，47度的V型双缸开始收获赞誉，不仅因为它可以完美地搭配摩托挎斗，还因为在比赛中亮眼的良好表现。直到1913年仍是踏板控制，双缸的Twin 1000用链传动代替了已经过时的带传动，很快又引入了三速变速器。哈雷戴维森在第一台摩托车完成不到十年的时间里，销售业绩增长迅猛。账单上记录已经生产了12 966辆。

1914年
FRERA 570 GRANDE TURISMO

"它不只奔跑，它在飞！"它是 Frera 品牌在世纪之交一句广为人知的广告语。Frera 代表着意大利荣耀的摩托车品牌，其总部在米兰，工厂在特拉达泰（Tradate）。虽然在市场上缺席了好几十年，这个来自意大利伦巴第州的公司在摩托迷心中仍然保持着崇高的地位。它以对细节的追求和可靠性而著名，继续征服着爱好者的心。

创始人科拉多·弗雷拉（Corrado Frera）于 1859 年出生在普鲁士的克罗伊茨纳赫（Kreuznach）市。1885 年他搬到米兰，在作为玩具推销员的短暂工作之后，他专心致力于自行车。不久之后过渡到两轮摩托车。弗雷拉开始接订单组装摩托车，同时还出售其他品牌摩托车，尤其是瑞士的 Zedel。

弗雷拉的公司名为 Società Anonima Frera，成立于 1905 年，主要生产自行车和摩托车。总部设在意大利北部最重要的城市米兰，工厂放在特拉达泰（当时的科莫省，在今天归属瓦雷泽省）。把生产分散到农村似乎是个危险的计划，但是弗雷拉知道他想要什么，就像他深知当时摩托车在世界范围内的重要性一样。"特拉达泰不在主要交通道路上，但这里是富人区，居民大多勤奋，曾经有很好的工作。而且，米兰到萨罗诺的铁路穿过这里。"由此，这个摩托车制造商的冒险开始了。他的理念就是，必须大规模地生产，不断的质量控制和彻底的产品测试是必不可少的。

Frera 的第一款摩托车使用的是 Zedel 和 NSU 的发动机（之后才获得授权）。得益于正在蓬勃发展的摩托车市场，对产品的需求量旺盛。而且从 1908 年开始，Frera 成为意大利皇家军队的官方供货商。

36 页图："它不只奔跑，它在飞！"这是 20 世纪 20 年代艺术家 Plinio Codognato 创造的广告语，来自意大利著名摩托车制造商 Frera。

37 页上图和左下图：大多数 Frera 车型都有军用版本。图中介绍并非只更改颜色，还会根据客户的具体要求进行修改。

37 页右下图：Grande Turismo 570 毫升，图中显示了曲轴和三档变速器，配备了一个强劲的单缸侧气门发动机和 25 毫米的英国 Senspray 化油器。

因为这个重要的大买家,1910 年 Frera 生产了 1000 多辆摩托车,1915 年更是增加到 3000 辆,成为意大利最重要的摩托车制造商。公司在 1906 年有近 300 名员工,到第一次世界大战结束时,这个数字翻了一番。

有这样的资源推动,弗雷拉在主角光环下自然不甘停步不前。在 1914 年,由 Frera 伦巴第工厂完全设计并制造的第一台发动机下线。长冲程单缸发动机(缸径 x 冲程 85 毫米 x 100 毫米),570 毫升,侧气门,搭载于 Grande Turismo 570 车型上。该摩托车能够达到 88.5 千米/时,售价 1760 里拉。对于其"配件",Frera 选择了市场上最好的供应商。燃油系统来自英国 Senspray 的化油器,点火系统选择博世授权、英国制造的高压 Ruthardt 磁电机,离合器放置在 Sturmey-Archer 品牌的转毂内,三速变速器的控制杆在油箱左侧、紧靠手边。在油箱右边是 Best & Lloyd 品牌手动油泵。底盘是硬尾形式,单摇篮框架。前面是带中央弹簧的纵臂悬架,轮子 660 毫米,带有制动器和带传动装置。基本版仍然有控制踏板,在起动发动机或者发动机故障的时候会用到,更高配的版本已经可选起动曲柄。

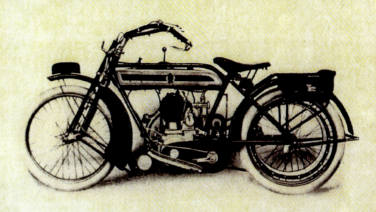

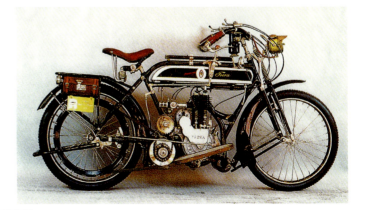

1919年
ABC 400

人们对这辆摩托车的第一印象可能是缺乏动力、不太重要、又有个奇怪的名字。但如果进一步观察它,很快就会发现它充满了原创性的解决方案。发动机是四冲程 400 毫升双缸水平对置发动机,短冲程顶置气门(气缸内径 68.5 毫米、冲程 54 毫米)。不同于同一时代的大多数类似摩托车,这辆摩托车的底盘采用双摇篮形式,配有前后悬架,前后制动都采用鼓式制动器。

如果上述这些设计还不足够创新,那让我们来看看它的四速变速器吧,当时大多数竞争对手连三速变速器都罕有使用。再加上它从一开始就提供了照明系统,这可仅仅是 20 世纪初的摩托车世界——这台车是 1919 年英国制造的。完成这一系列天才设计的设计师是格兰维尔·布拉德肖(Granville Bradshaw)。

我们可以把布拉德肖看作类似阿基米德一样的天才,这个有着温顺而安静外貌的家伙在他最好的年华里其实是一座不断喷涌新想法的火山。俗话说:什么都不干的人不会犯错。而布拉德肖一直在持续发明,自然他也有很多失败的设计,但这些失败并没有困扰他。ABC 400 是一款革命性的摩托车[ABC 全称 All British (Engine) Company,全英(发动机)公司],搭载水平对置发动机,本来在竞争中处于领先地位,但由于一些尚未解决的缺陷,而未能取得销量成功。

在未完全准备好的情况下就急于投放市场,再加上因为英镑贬值而造成的成本过高,这都是导致 ABC 400 失败的决定性因素。1920—1924 年,也曾用 Gnôme & Rhône 的执照在法国制造 ABC 400。尽管产品有所改善,但销量仍不如预期。它的售价实在太贵了。英国和法国加起来一共生产了大约 3000 辆。

40 页图:装配 ABC 400 的生产线。这些摩托车被制造商称为"世界上最好的摩托车"。

40~41 页图:ABC 品牌在赛车方面取得了很多胜利。其中埃默森(J. Emerson)在 1920 年布鲁克兰赛道上创造的一小时纪录,平均时速为 113.45 千米/时。

1921年
MOTO GUZZI NORMALE 500

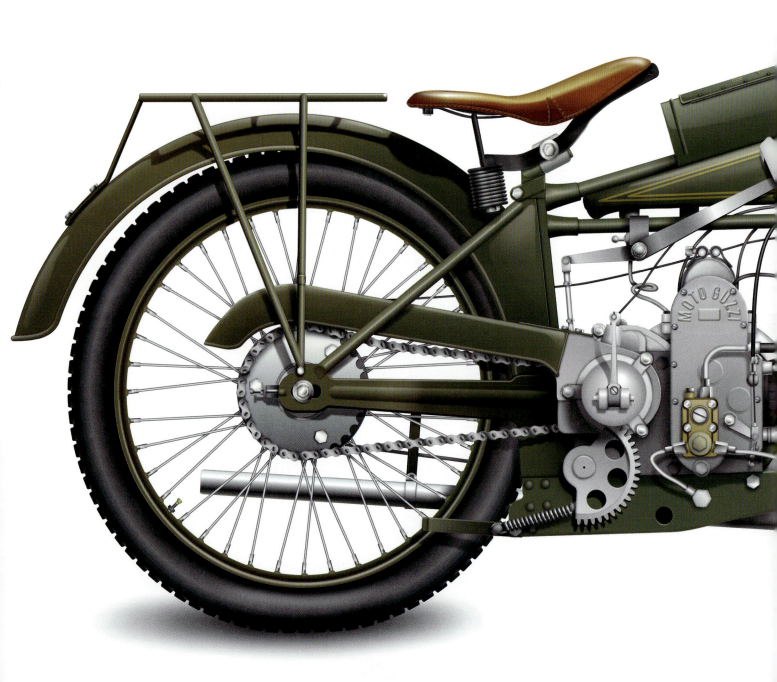

Moto Guzzi 的故事是摩托车历史上一个重要的段落。这个传奇一直延续至今，直到现在每年还会在其爱好者中续写。很少有其他摩托车制造商在摩托车发展史上的地位比它更加不可或缺，也很少有制造商能讲出比它更引人入胜的故事。即便在今天，站在公司总部向窗外望去，仍能强烈地感受到当年那些充满激情的主角们，即便他们早已过世。第一次世界大战之后，Moto Guzzi 成立于科莫湖畔的一个小镇，第一辆摩托车名为 GP。它的两位设计者战争期间在意大利空军相识。第一位创始人是卡洛·古兹（Carlo Guzzi，1889—1964），原籍米兰，是一位聪明的技师，对机械有着浓厚的兴趣。他一直想改造自己的摩托车，以弥补当时摩托车普遍存在的很多缺陷。第二位创始人乔治·帕罗蒂（Giorgio Parodi），来自热那亚有名的船东家族。一开始还有第三名创始人，来自布雷西亚的乔瓦尼·拉维利（Giovanni Ravelli），这位运动爱好者当时已经因摩托车而远近闻名。在经历了漫长的战争之后，这三位朋友开始筹划他们未来的摩托车制造公司。曾在以汽车和飞机发动机而闻名的公司 Isotta Fraschini 工作的古兹担任设计工作，帕罗蒂提供必要的资金，而拉维利负责骑着这些机器上赛场。不幸的是，拉维利第一次世界大战后不久死于飞机失事。为了纪念他，Moto Guzzi 选择展翅的雄鹰作为品牌 LOGO，而这正是意大利空军的象征。

帕罗蒂的父亲为他们的第一个试验提供了 2000 里拉的赞助，两个人开始了创业。古兹一家搬到名为曼德洛的镇子，第一个原型车便在古兹家的地下室完成，取名为 GP，即古兹和帕罗蒂姓名的缩写。这款摩托车特别低矮，搭载的水平发动机让人着迷——这是卡洛·古兹采用的一种解决方案，用于改善缸盖的冷却，在那个年代这是发动机最薄弱的一环。短冲程（每缸内径 88 毫米，冲程 82 毫米，总排量 498 毫升）、四气门由单顶置凸轮轴控制、齿轮传动，并搭载三速变速器。原型车经过精心设计，广受好评。由于它的成功，乔治·帕罗蒂的父亲伊曼纽尔·维托利奥·帕罗蒂（Emanuele Vittorio Parodi）决定加盟这个新公司。他们放弃了 GP 的缩写，因为 GP 可能导致人们将其与乔治·帕罗蒂的姓名缩写联系在一起。1921 年 3 月 15 日，摩托古兹公司正式成立，总部设在曼德洛（当时属于科莫省）。同年，这家小公司生产出一系列摩托车中的第一款：Normale 500。最初广告中称之为："单缸女王。"

Moto Guzzi 其他机械特点还包括：四冲程、水平气缸、单链换挡机构、三速变速器、超低底盘和邓禄普的轮胎。曾经的四气门和凸轮轴由于成本和耐用度的问题而被放弃，两个对置气门的解决方案非常适合 Normale 这款车型。尽管压缩比较低（4:1），但发动机仍能释放约 8 马力，使摩托车能达到 90 千米 / 时的极速。左侧有一个巨大的外部飞轮，旨在限制振动并在低转速时增加发动机的扭力。这款摩托车一直制造到 1924 年，共生产了 2000 多辆。

44 页图：卡洛·古兹和车手 Enrico Lorenzetti 在赛车前的合影，这款赛车搭载 500 毫升四缸发动机，并配钟形整流罩。

45 页上图：与 GP 原型车相比，Moto Guzzi 的量产车型 Normale 有一些改变，如用两个对置气门，以及采用焊接（并非铆接）底盘。

45 页下图：Normale 的底盘采用双摇篮框架，非常坚固，由钢管和金属板制成。由于发动机紧凑，整个摩托车非常低矮，车身稳定而易于操作。照明系统是选装件。

1922年 MEGOLA

这是一款独特的机器。很难说有其他摩托车比它更加让人印象深刻，无论是单说布置在前轮上的星型发动机，还是作为一个整体——超大号的踏板摩托。在20世纪20年代初期，Megola是一种不寻常的、革命性的存在。这个项目来自弗里德里希·科克雷尔（Friedrich Cockerell）的创造。科克雷尔1889年出生在慕尼黑，在完成技术方面的学业之后，在当地一些小公司里开始了工作。之后科克雷尔在拉普发动机制造厂致力于飞机上星型发动机的研究。同时，他相信这种发动机也可以适合推动摩托车，甚至是更加可控、舒适、能提供乘员保护的交通工具。Megola由此诞生，这个名字源于项目支持者Meixner、设计师Cockerell（"C"被"G"代替，使之听起来更好），以及底盘制造者Landgraf。

得到的成果就是这款非常低矮的摩托车，带有向后倾斜的把手和带扶手的座椅。

48页图：1923—1924年期间，Megola的运动版成功在多次竞速赛和越野赛中使用。

49页图：在Megola的第一个原型车中，星型发动机被安装在后轮上。才华横溢的德国设计师后来决定把发动机安装在前轮上，以此提升冷却效果。在Megola诞生前后，也有很多人尝试用轮毂发动机驱动摩托车，如法国人Felix Millet在1887年设计了其中一种和轮子一起旋转的发动机。再比如1966年本田P发动机，机体固定不随轮子旋转。

底盘是一层有负载能力的板材,能保护骑手免沾路上的泥水,车轮可以支起来,具有非常超前的设计感。

另一个闪光的成果是四冲程旋转辐射布置的发动机,5缸(640毫升)安装在前轮上,以改善散热,没有齿轮和离合器。在1922年投入生产时,尽管售价高昂,革命性的特点和外观,还是深受好评,不乏订单。1923年推出新的运动版本,搭载增强的发动机、传统的座椅、低车把、底盘缩短并增加了刚性。尽管发动机平顺、市面上少见,但缺少变速器和离合器还是成为槽点。到1925年,需求量开始滑坡,公司随后关闭。

1923年
宝马 R32

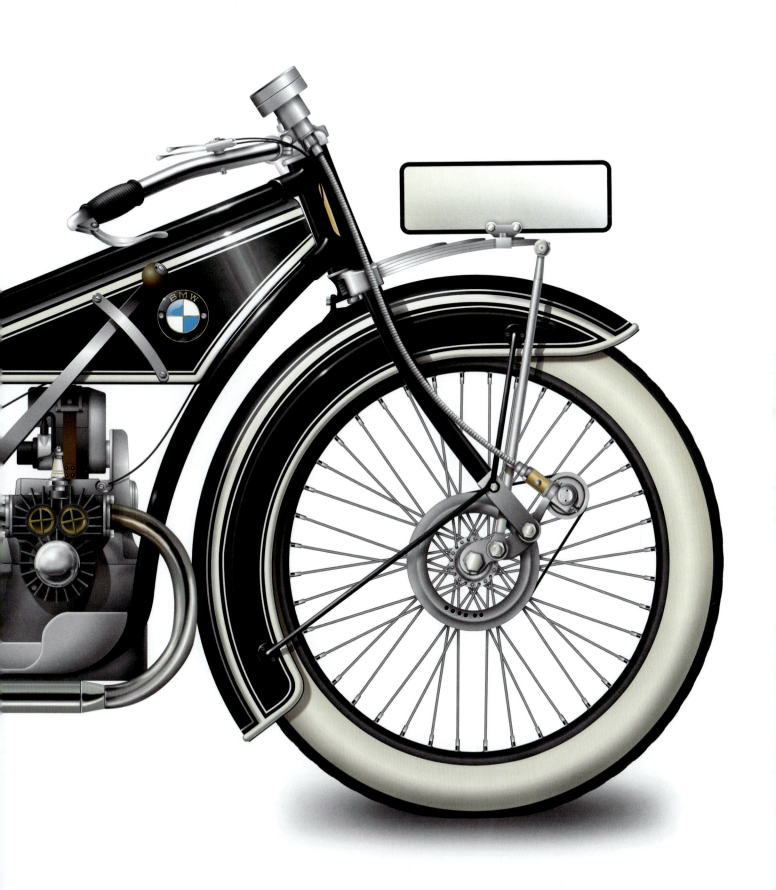

52页上图：1923年工厂里对新的宝马 R32 底盘进行切割和压制。

52页中图：工人在为 R32 焊接底盘，整个宝马工厂从一开始就注重效率和精度。

52页下图：1:5 比例的原始图纸，上面写着相关型号"R32 型"。

毫无疑问，宝马的双缸水平对置摩托车是世界上最著名的摩托车之一。它在1923年开始制造，直到80多年后的今天仍在生产，是宝马这个巴伐利亚公司的代表之作。

宝马（BMW），全称为巴伐利亚发动机厂（Bayerische Motoren Werke）。它一开始是一家制造飞机发动机的工厂，并因此成名（得益于著名的"红男爵"和他的福克战斗机）。然而，随着第一次世界大战的结束，公司不得不变为生产民用产品，以免依据《凡尔赛和约》的条款而关闭。因此便有了制造摩托车的想法。摩托车的价格并不算昂贵，又能在全世界范围不断扩大的市场里迅速抢到市场份额。当时公司高层弗朗茨·约瑟夫·波普（Franz Josef Popp）、卡尔·拉普（Karl Rapp）和马克斯·弗里斯（Max Friz）对这个想法并不怎么满意，但也没多少选择。他们开始研发和试验小型发动机（单缸150毫升）和中等排量发动机（500毫升排量，灵感来自道格拉斯，这款发动机有两个水平对置的气缸，纵向放置在底盘框架中），于是诞生了 BMW Flink 和 BMW Helios 两款车型。缩写为 M2B15 的双缸发动机，同时也卖给维多利亚公司——摩托车工业里的另一家公司，在其 KR 1 车型上搭载使用。不过这台发动机上向后的那

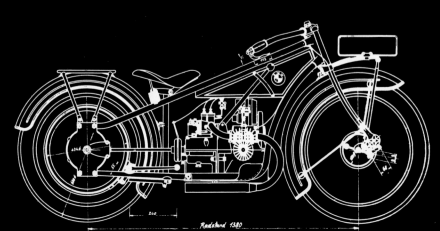

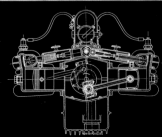

52~53页图：1924年在慕尼黑工厂的工人。宝马R32的成本是2200马克，制造了3000辆，1926年停产。

53页下图：发动机排量494毫升（缸径x冲程：68毫米x68毫米）。选择侧气门布置，以减轻成本和负载，并且质量更加可靠。

54 页上图：宝马 R32 的第一张广告海报出现在 1923 年 12 月的《慕尼黑画报》（Münchener Illustrierten Presse）上。

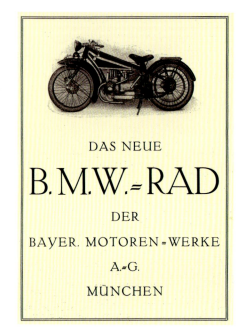

个气缸得到的进气量少于向前的气缸，于是存在着后气缸冷却问题，需要解决。

1922 年的冬天，一个转折事件标志着宝马官方正式进入摩托车世界。弗里斯把自己关在办公室里，最终诞生了一个重要的摩托车项目，它足以改变这个慕尼黑制造商的命运。

在工程师脑海里出现的最重要的是 ABC 摩托车的对置气缸，因为其横向布置，保证了两个气缸都能得到很好的冷却。

弗里斯对工厂当时在产的水平对置发动机 M2B15 进行研究，并做了一些修改：关键性地转动了它的角度。为了限制成本、缩短制造时间、考虑到其宽度，他选择将气门布置在侧面。至于传动系统，这个聪明的德国工程师避开了当时已经过时的带传动或 ABC 采用的链传动。他选择另外一种解决方案——轴传动，这在之后成为宝马摩托标志性的特点。底盘采用双摇篮框架结构，由高强度钢管组成，简单、坚固，而且刚性十足。整车只有一个制动器，环形，放置在后轮。前叉是叶片弹簧纵向推力杆，布置在挡泥板上。整车紧凑可靠，由于发动机的重心非常低，块状形油箱置于上梁（当时仍在使用）之下，三速手动变速杆放置在右侧。

总而言之，它的制造很完美，没有留下什么遗憾。1923 年在巴黎官方正式发布。公众对其第一印象相当正面，更多的积极反馈来自跨上车并起动发动机之后。一切都运转良好，可以感知到准确精致的做工。发动机结构紧凑、设计精巧、线路简洁，因其安静和易于维护而备受赞赏。

动力不算很强大，大约 8.5 马力，略微超过 3000 转/分，能达到 90 千米/时的极速，运行平稳。售价 2200 马克，一直到 1926 年停产，共生产约 3000 台。可选附加部件包括照明系统、喇叭、转速表，以及放在后面的乘客座椅。

54 页下图：1925 年，一名 32 岁的车手 Paul Heinemann 在比赛结束时被记者包围。

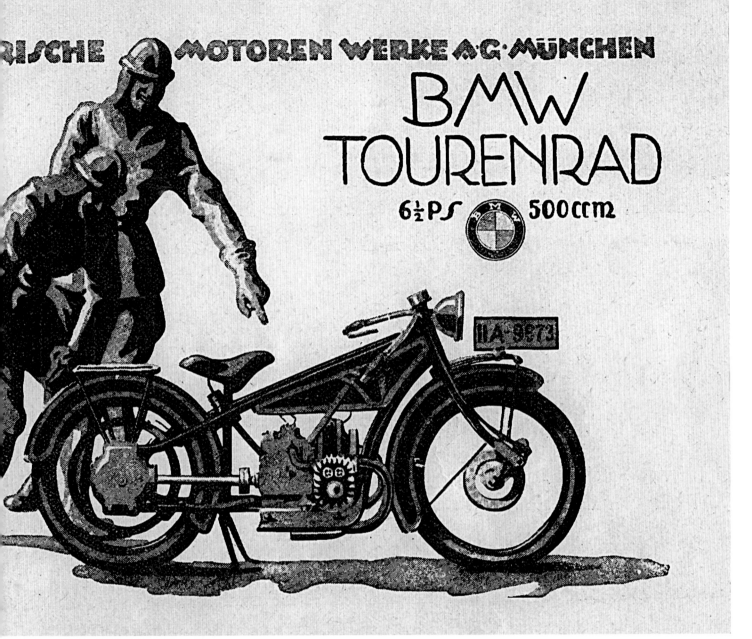

54~55页图：由于其良好的巡航速度，R32是长途旅行的理想选择，正如当时杂志中的广告所示（慕尼黑，1923）。

55页下图：1925年，一群爱好者和骑手在德国城市的街道上与他们的R32合影。左边还可以看到一辆R37。

1923年
印第安酋长

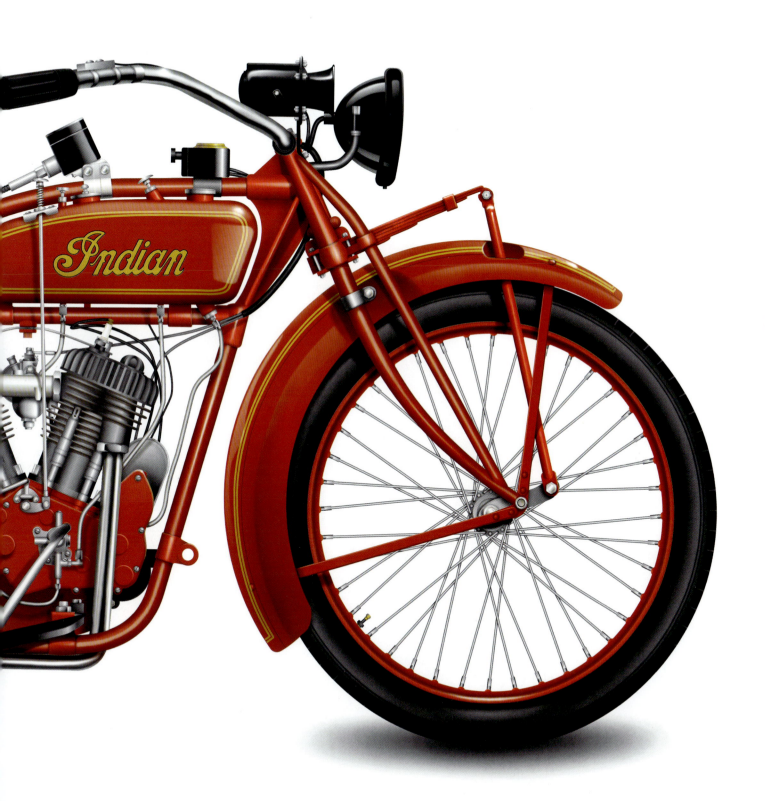

58页上图：奥斯卡·戈弗雷（Oscar Godfrey），曼岛TT大赛胜者，骑着他的印第安冲过终点线（1911年7月5日，曼岛）。

58~59页图：1923年，在印第安酋长1000毫升的基础上，发展出印第安酋长车型：42度V型双缸发动机和增加到1200毫升排量。同年，印第安庆祝了其第25万辆摩托车下线。

摩托车品牌之间的竞争从来没有停滞过，几十年来，战线拉开在价格、车型范围、完成度等方面。或者，特别是在印第安和哈雷戴维森之间的争斗上：排量。美国摩托车爱好者们一直对大型摩托车情有独钟，因为它更适合在辽阔的疆域长途巡航。欧洲人也在寻找与众不同的东西。在欧洲，一般的摩托车虽然性能卓越，但缺乏个性。他们也想要更大的摩托车。在20世纪第一个十年里，有大约200家美国摩托车制造商，而只有其中的几家在下一个十年里存活下来了。

其中一个幸存者是印第安，它多年扮演着另一个角色——更加有名的双缸摩托品牌哈雷戴维森的代替品。令人印象深刻的印第安酋长有61立方英寸(1升)的排量，

1923年更大的印第安大酋长也随之发布。

光是看这个名字就不难猜到其在品牌的工程地位和重要性。42度V型双缸，每缸内径80毫米，冲程112毫米，排量达到惊人的1200毫升，那时很少有摩托车能达到这样的排量量级。精致的完成度、外形亮眼、加上优秀的性能，这些特点使这款摩托车登上品牌巅峰，同时在赛场上赢得声誉。事实上，印第安的成名主要是因为其迅捷的两轮赛车在赛场上咆哮，而非其作为大型摩托车制造商的身份。公司管理层位于美国马萨诸塞州的斯普林菲尔德，他们深知公司品牌宣传的重要，不仅是通过广告，更是通过参与并赢得各种赛事。印第安的两位创始人卡尔·奥斯卡·赫尔德斯特罗姆（Carl Oscar Heldstrom）和乔治·亨迪（George Hendee）联手证明了这一点。赫尔德斯特罗姆是一名自赛手，而亨迪曾是自行车制造商和竞赛推动者。

赫尔德斯特罗姆厌烦了骑着他拥有的一种串联了发动机的迪翁自行车，因为它太慢了，会被自行车超过。所以1900年他决定建造自己的车子。当亨迪见了他的新车，马上意识到只要做一些修改和调整，便可以使之成为可以卖给公众的好产品。两人在1901年联手创立了"亨迪制造公司"，制造的摩托车取名为印第安，以此纪念美国本土的印第安人。同年，印第安品牌决定带着他们的第一款车型在伦敦车展上亮相，这是个非常了不起的努力。这家新成立的公司第一件产品还是赶上了车展，并且已经在思考更大的格局：筹划着登上世界舞台一举成名。正像之前提到的，这个大计划在世界赛事上达成了。从1911年在曼岛TT大赛（或称旅行大赛）上首次取得成功开始，英国选手包揽了前三名，并且全部是驾驶着印第安赛车。凭借特有的V型发动机，品牌的声望一直持续增长，直到20世纪20年代初，随着印第安酋长和大酋长两款车型的发布，到达顶峰。从20世纪初建造的前三台机器，一直到1912年，共生产了两万台。在1920年产量到达巅峰，年产四万台。

59页图：由于发动机和底盘的坚固性，印第安摩托车经常搭配挎斗来运送货物和人员。

1924年
EXCELSIOR SUPER X750/1000

Excelsior 摩托车公司于 1908 年由伊格纳斯·施文（Ignaz Schwinn）在芝加哥创立。最初的产品并非特别让人着迷，也没有太多独创性，这个初创公司只能挣扎于让自己站稳脚跟。观察到哈雷戴维森那时是多么的成功，Excelsior 在第一次世界大战之前发布了 1000 毫升的 V 型发动机。但是，直到 20 世纪 20 年代中期，Excelsior 才在美国摩托车世界中占有一席之地。凭借这些年积累的经验，Excelsior 于 1924 年制造出了 Super X 750 毫升，随后又推出了 1000 毫升车型，都获得了一定的成功。尽管数量有限，但出口到了包括意大利在内的很多欧洲国家。这是一辆精心打造的摩托车，注重细节，相当便宜，是同期其他美国大型双缸摩托车的有效替代品。可惜它的生命周期就像其制造商本身的生命一样短暂。华尔街危机切实地困扰了创始人施文，他在同时期又已经买下了另外一家名为 Henderson 的摩托车生产厂。人们意识到公司将无法克服日益恶化的经济形势，于是在 1931 年，Excelsior 的故事就此结束。

62 页上图：1922 年，贝内特·亨德森（Bennett Henderson）驾驶着 Henderson K 豪华型摩托车（基本上就是标准款），在华盛顿的塔科马高速公路上创造了连续行驶 24 小时世界纪录，以平均时速 104.6 千米／时驾驶了 2513 千米。

先说清楚，如果谁认为 Excelsior 是英国摩托的巅峰之作，那他们就彻底错了。这是一个关于美国摩托车制造商的故事。它在芝加哥成立，制造搭载 V 型双缸发动机的大型摩托车，和美国星条旗下的另外两大摩托巨头竞争：哈雷戴维森和印第安——虽然只是短暂的一段时期。

20 世纪初，有几千个投身于摩托车制造的公司，以至于摩托车市场迅速扩张。

62页下图：动力强劲的四缸发动机，配有侧面挎斗，是 Excelsior 品牌的顶级车型。当时 Excelsior 品牌已并购了 Henderson 品牌。

62~63页图：早期的 Excelsior-Henderson 摩托车，1917 年在芝加哥公园的照片。这个伊利诺伊州的城市正是美国品牌 Excelsior-Henderson 的故乡。

1925年
BROUGH SUPERIOR 1000 SS100

66页图：Brough Superior 是"阿拉伯的劳伦斯"最喜爱的摩托车品牌。1935年5月13日，他骑着该品牌SS100摩托车死于车祸。图中是他在20世纪30年代穿着英国皇家空军制服坐在他的摩托车上。

66~67页图：黑色的油箱带有镀铬的侧边，这是著名的诺丁汉摩托车制造商的标志性特点。它的徽章正印在美丽的黑色锥形油箱背脊上。

67页图：家族的"小宝贝"：SS80。这个简称代表了80英里/时（128.7千米/时）的最高车速。图中是20世纪30年代英国警察骑着SS80。

T. E. 劳伦斯，又称"阿拉伯的劳伦斯"，因为经典电影《沙漠枭雄》而广为人知。这是他最喜欢的摩托车品牌，在他短暂而曲折的一生中，他拥有多达七辆该品牌摩托车。他热衷于摩托、速度和危险，爱上了 Brough Superior，这是一款独一无二、几乎完美的摩托车。它有最优异的性能、可靠性和精致的细节，定价也很合理。数十年来，它被认为是摩托界的劳斯莱斯。劳伦斯是乔治·布罗（George Brough）的私人朋友，他会为了调校摩托车而亲自到 Brough Superior 的工厂。据说某个星期五他到工厂来更换磨损的轮胎，而星期一又再次出现。得知这位上校的行为，机械师还以为是出了什么故障，然而并没有什么故障。

摩托车一如既往的完美，发动机像新的一样顺畅。他星期一突然又出在工厂的原因是需要再次更换轮胎了。在中间的几天全速行驶了 1600 千米之后，轮胎又磨损了。

Brough Superior 这辆摩托车不仅没有任何机械故障，而且能够全速跑完这些里程。这是个神奇而优秀的摩托车，正如它名字的意思一样。Superior 的本意正是"上乘的，优秀的"。

乔治·布罗是矿工威廉·布罗（William Brough）的儿子。老威廉决心成为摩托车制造者，乔治加入他父亲的行列，之后又决定自己出去，成立了自己的公司。他有一个与众不同的理念：摩托车应该像珠宝，运动的同时，也要有奢华的外表，本身就应是精致的工艺品。没有很多买家也没关系，重要的是提供优雅的产品。1919年，他在诺丁汉这个他出生的城市建立了 Brough Superior 品牌。Superior 直译为"上乘的"，因此让他父亲制造的摩托车显得有些不那么"上乘"了。为了专注于质量，乔治决定不自己制造发动机，而是一开始依靠 Jap 的发动机，之后选用 Matchless 的发动机。至于气缸数量和排列方式，他毫不犹豫地决定选择 V 型双缸，这在当时是最流行也最可靠的形式。

第一台摩托车在 1920 年面世，搭载 Jap 1000 毫升顶置气门双缸发动机。机械结构、底盘框架的质量呈现，加上对细节处理得极其在意，一下抓住了爱好者的心，他们正是热衷于新事物的代表，热衷于一辆有极佳表现的摩托赛车，同时又可以应付那个时代日常通勤的崎岖路面。

1923 年，SS80 投产，80 代表着它可以很容易地达到 130 千米/时（80 英里/时）的极速。这个速度怎么都说不上慢，但在 1924 年，Bert Le Vack 骑着专门准备的 Brough Superior 摩托车又打破了纪录，速度达到 191.590 千米/时。

1925 年，在上一款车型的基础上继续开发，乔治在伦敦车展上带来诺丁汉制造商的标志性杰作：SS100。它搭载 1000 毫升顶置气门的 Jap 发动机，能够达到 160 千米/时的极速。制造商为每个买家都专门准备了声明，声称确保达到这个极速。事实上，在出售之前会挨个对摩托车进行测试，以验证声明的准确性。为了创造新的速度纪录，从 1936 年开始，直到第二次世界大战伊始，Brough Superior 都选择搭载 Matchless 的发动机。在第二次世界大战结束时，公司放弃了摩托车的生产，这给那些最挑剔而又富有的摩托爱好者心中留下了遗憾的空白。

1928年
MOTO GUZZI GT 500 "NORGE"

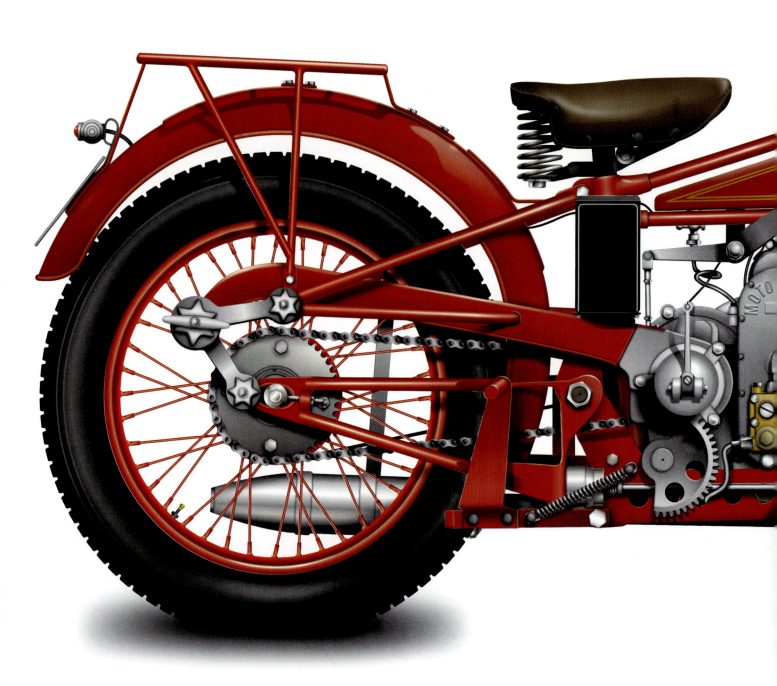

70~71页图：Moto Guzzi GT500，更为人熟知的昵称是 Norge（意为"挪威"），为纪念朱塞佩·古兹 Giuseppe Guzzi 的环北极圈旅行。这款有弹性底盘的摩托车来自位于意大利曼德罗的工厂。

2006 年，Moto Guzzi 开始销售其旗舰摩托车，流线形的 1200，这是理想的长途巡航车，并被命名为 Norge。Moto Guzzi 来自意大利莱科省的曼德罗，这是摩托车史上最重要的品牌之一，为最热情的摩托车迷注入充沛的激情。在过去，Moto Guzzi 品牌已经与其标志性的车型 GT 500 联系在一起了。如我们已经看到的，20 世纪 20 年代的摩托车主要以刚性框架的底盘为特征。然而，许多道路却并非平坦，大部分是未铺装路面，崎岖坑洼。即使是最舒适的鞍座也无法保证舒适性。这是一个让卡洛·古兹的兄弟朱塞佩·古兹（Giuseppe Guzzi）痛苦的问题，他是一位年轻而聪明的工程师，经常旅行，加盟了家族的摩托车公司。

1926 年，朱塞佩独创性地发明了第一个弹性底盘，以此来解决舒适性的问题。该底盘有一个活动前叉，后轴有两根拉杆配合发动机下方的弹簧协同工作。以及通过钢管和金属板形成双摇篮框架，这些都是底盘整体的一部分。搭载全新单缸发动机的车型于 1928 年面世。由于还是有许多发烧友认为采用后悬架对稳定性不利，因此对之态度远称不上热情。这款车型取名为 GT 500，昵称为 Norge（意为"挪威"），因为朱塞佩·古兹正是在前往斯堪的纳维亚半岛和北极圈的旅行路上制造了原型车。这趟长达 6000 千米的旅程，不仅测试了发动机（这个发动机已经被广泛认可，被安装在其他很多车型上），最重要的是全新的底盘经过了试验，保证了极好的稳定性，以及前所未有的舒适性。

1929年
比安奇 FRECCIA D'ORO 175

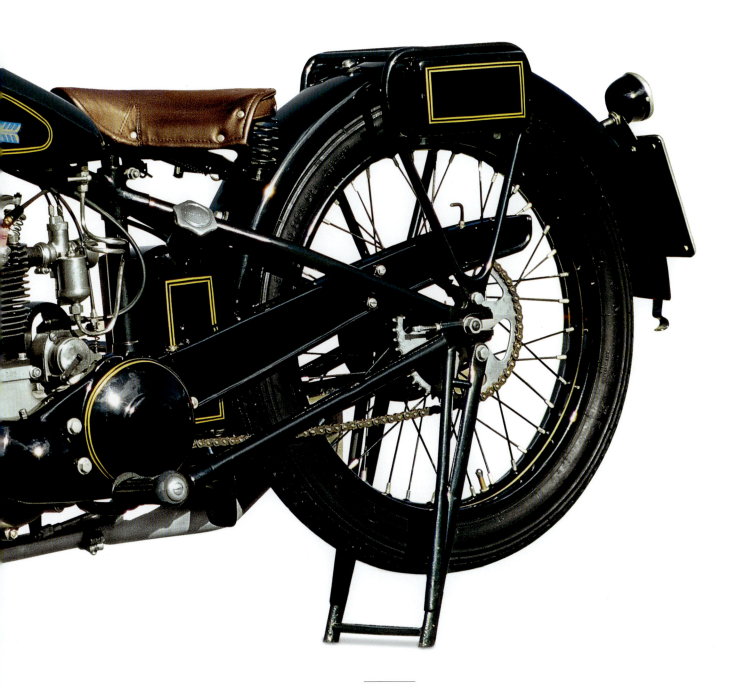

在20世纪二三十年代，意大利摩托车制造商参加并频频夺取重要赛事的冠军，其中一家便是来自米兰的比安奇。

它是由爱德华多·比安奇（Edoardo Bianchi）创立的。他是一位出身寒门的年轻人，于19世纪后期在米兰的一家名为"Martinitt"的孤儿院长大。比安奇公司生产自行车，也生产摩托车。第一步就是把发动机安装在自行车上，不久之后，他就预测到这个领域充满发展潜力，他又充满兴趣。比安奇和他的朋友兼合作伙伴吉安·费尔南多·托马塞利（Gian Fernando Tomaselli）开始疯狂地工作，并在20世纪早期开始生产摩托车，产品坚固、精良，充满竞争力。它们搭载了单缸350毫升或500毫升，以及双缸600毫升的发动机。1924年开始生产著名的Freccia Celeste 350赛车。之后的一年，又发布了轻量的175毫升摩托车进入市场，搭载四冲程单缸发动机。

比安奇品牌的目的是生产价格实惠的摩托车，不仅适合预算有限的爱好者购买，也适合需要车辆上班通勤的普通人购买。这个目标是在四年后随着Freccia D'Oro 175的发布而实现的，该车有旅行版和运动版。这款全新的摩托车具有之前车型质量良好的优点，生产线更现代化。采用好看的泪滴形油箱，细节精致，安装完美，选了最合适的材质，以及无可挑剔的铸造工艺。发动机采用长冲程、顶置气门的单缸发动机，与其前任相比，延续了坚固和简洁的特点，而且动力更加强劲，使旅行版本能达到80千米/时的极速，运动版的极速更是达到100千米/时。你可能会怀疑其非常有限的气缸排量。这样一个售价3750里拉（运动版售价4250里拉），加上一些选装电子系统的花费，如果再对交通法规造成不良影响，就注定远离成功。

而在这个时期，事实恰恰相反。至少在意大利，贝尼托·墨索里尼（Benito Mussolini）领导下的政府明白提高民众出行机动化的重要性，并通过了新的法律，鼓励使用175毫升的轻型摩托车。不需要牌照，没有车辆税，也不必须有驾照。实际上，正是因为政府的鼓励，比安奇开始接受很多的订单。

1929年开始生产的比安奇Freccia D'Oro车型，在1930年1月举办的"米兰摩托车展览会"上发布，随后进入市场。该车型在随后的几年里不断改进，在发动机上进行了小修改和润色。例如，最初使用Amal化油器，然后由Gurtner和Binks品牌代替，底盘框架在1932年开始升级为冲压金属前叉。

墨索里尼本人多次驾驶小巧的Freccia D'oro车型，为其取得的成功做出了贡献。尽管如此，比安奇的流行并没有持续。1935年，新的道路法规实施，强制需要牌照，之后还要缴纳车辆税。因此潜在消费者选择这种超小排量的动机就此消失了。

74页图：为了促进人民群众的交通机动化，意大利独裁者贝尼托·墨索里尼经常驾驶小型比安奇摩托车。全新比安奇175项目由马里奥·巴尔迪（Mario Baldi）开发，他是一位天才的工程师，成功设计了Freccia Celeste 350赛车。

75页上图:一群年轻的"先锋队 Balilla"在罗马街头骑着小比安奇游行,依照当地法律骑这种小摩托不需要驾照。

75页下图:1917年位于米兰的庞大的比安奇工厂鸟瞰图。伦巴第的制造商一直以其高品质的材料和卓越的制造质量而著称。

1930—1949年

越来越快、越来越多出色的摩托车开始出现，它们不再仅仅被有钱的热衷者所享受。但是战争迫在眉睫……

全世界的摩托车运动准备进入一个重要的20年阶段。前些年，有许多蓬勃发展的公司驾驭着创新的浪潮，但是因为20世纪20年代末的经济大萧条，许多制造商（大多数是那些手工制造摩托车的公司）消失了。

那些设法生存的制造商确实应该非常感谢稳健的组织、正确的投资和制作精良、做工考究的摩托车。这种不稳定的情况由于第一辆实用型汽车的数量增加而变得更加复杂，尤其是福特T型车。四个轮子的交通工具会比摩托车更加舒适，甚至有些汽车的花费更少。然而，摩托车仍旧是自由的象征，骑着摩托车的人看起来更具有冒险精神，有时还会藐视危险和寻求刺激。总的来说，摩托车被一种吸引人的刺激氛围所包围。制造商忙着提供越来越多的型号给摩托车爱好者们。这是一场关于性能、外观和悬架的战役。坚固的刚性车架被各种各样的发明所取代，这些发明增加了摩托车的舒适性和道路操控性。在20世纪30年代早期，仍然有许多人对后置悬架的有效性持怀疑态度，他们认为坚硬的车架更先进，可以达到稳定的目的，但由于越来越精密的制造工艺和周密的"道路测试"，他们很快就转变了。前悬架的设计也在发展，宝马在1935年推出的两款车R15和R17，使用了第一个带有减振器伸缩

77页：因制造武器转为制造摩托车的比利时公司FN，在1925年创作了这个丰富多彩的广告。

78页：这个有力的形象是由恩斯特·鲁普雷特（Ernst Ruprecht）设计的，用来宣传1931年的瑞士大奖赛。

79页：与过去相比，摩托车更容易驾驶，而且噪声也更低。摩托车开始流行起来，即使有时会被认为"歧视女性"，比如在1932年的英国。

式前叉。摩托车整体的设计也改变了，车架开始带有框架——通常是管状的。做了各种尝试，取得不同的成功。例如，使用轧钢的（想一下 Nimbus，举个例子），使用成型金属板的（宝马，DKW，一直到维斯帕和 Lambretta）。油箱呢？那些不规则的平底油箱被更圆润的油箱所取代，它们被放置在车架的横梁上。就发动机而言，有些基础选择：是否用侧气门，很坚固但性能比较差；或者用顶置气门，除了更精致以外，性能也更好。由于几个原因，后者成为首选，尤其是因为到目前为止，追求性能的比赛已经开始了。赛道上的摩托车赛和公路摩托车赛或者越野摩托车赛的数量翻了一番又一番。

然而，在这段时间，战争的威胁逼近了。第二次世界大战对摩托车的生产产生了巨大的影响。摩托车越来越多地被当作快速便捷的交通工具。每个国家都会自己装备军用摩托车。一些制造商根据战争新的需要调整他们的生产量，经常增加挎斗以便另一个士兵乘坐，同时可能会再装一只机关枪。其他的制造商则开发专为军事用途设计的全新机器，如宝马 R75 Side。

环顾全球，有名望的制造商都转向为军队提供补给：在英格兰，有 Ariel、BSA、Norton、凯旋（Triumph）；在意大利，有比安奇 (Bianchi)、Gilera、Guzzi 和 Sertum；在法国，有 Rene Gillet 和 Gnome&Rhone；在美国，有哈雷戴维森（Harley-Davidson）和印第安 (Indian)。

摩托车产业对第二次世界大战后新时代的需求快速响应。第一台可以负担得起的微型发动机和轻型摩托车被创造出来，以低廉的价格为人们提供了便利的大众交通，两款传奇的踏板车也随之诞生。

80~81页图：随着第二次世界大战的爆发，带有挎斗的摩托车成为一种快速的交通工具。图上能看到带着防毒面具骑摩托车的德国军队。

81页左上图：为了庆祝意大利警察部队成立27周年，墨索里尼检阅骑着 Moto Guzzi 的摩托车队。

81页右上图：在第二次世界大战期间，骑着宝马摩托车的德国士兵率领着装甲车和坦克车队。

81页下图：最初，摩托车主要被看作是运输武器的一种交通方式，但很快它们被需要额外速度和机动性的军事单位使用。这里展示的是20世纪40年代美国陆军骑着哈雷戴维森的摩托化部队。

1930年
ARIEL SQUARE FOUR

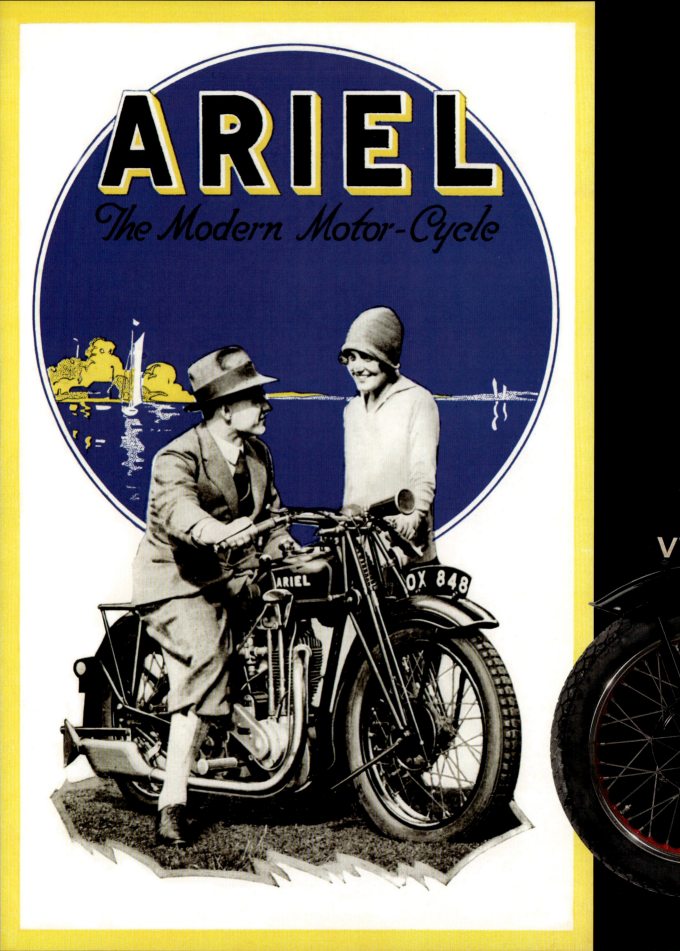

84 页图：Ariel 的摩托车广告靠的是一种浪漫的印象。能够明显地看到，这家英国制造商将定位瞄准为地位更高的社会经济阶层。

84~85 页图：Square Four 的发动机。由于它的方形布局，特别紧凑和灵活，尤其被英国绅士和其他热衷者欣赏。

安静的、灵活的、独家的，像单缸一样紧凑。Ariel Square Four 便是如此。一款优雅的摩托车，专为悠闲的长途旅程而设计。并不是说它的四缸发动机动力不足，目的是希望创造一款整体效果在同级车型中独一无二存在的摩托车。

在 Square 上安装四缸发动机的想法来自一个年轻人，他是个自学成才名叫爱德华·特纳（Edward Turner）的技术人员。热衷于摩托车的他，坚定地相信 Square Four 理念，不仅拥有比现有技术更好的冷却方法，相比传统纵向排列的多缸发动机，有着更简单类似单缸发动机的空间设计，确保了前所未有的紧凑。当然，在他仅有想法时，这个年轻人就开始向不同的摩托车制造商推销了，但都没有成功。除了 Ariel 的老板查尔斯·桑斯特（Charle Sangster）和技术总监瓦伦丁·佩奇（Valentine Page）之外，所有人都认为这种设计是危险和不安全的。这家传奇的英国摩托车公司 Ariel 总部位于伯明翰，该公司需要在市场上推出新车型。这个项目于 1930 年在伦敦汽车展上实现了，当时展出了 Square Four。

Square Four 的气缸布局和价格（略高于 75 英磅），还有外观都是独一无二的。这款车立即得到了许多富有发烧友的认可。最初采用 500 毫升排量的发动机，接着受益于随后的机械和技术改进，到达一个技术顶峰。用摩托术语来说，就是在 1936 年使用了更大、更独特的公升级四缸发动机。

Square Four 在 1959 年从摩托车的世界中退役。

1932年
RENÉ GILLET TYPE L 1000

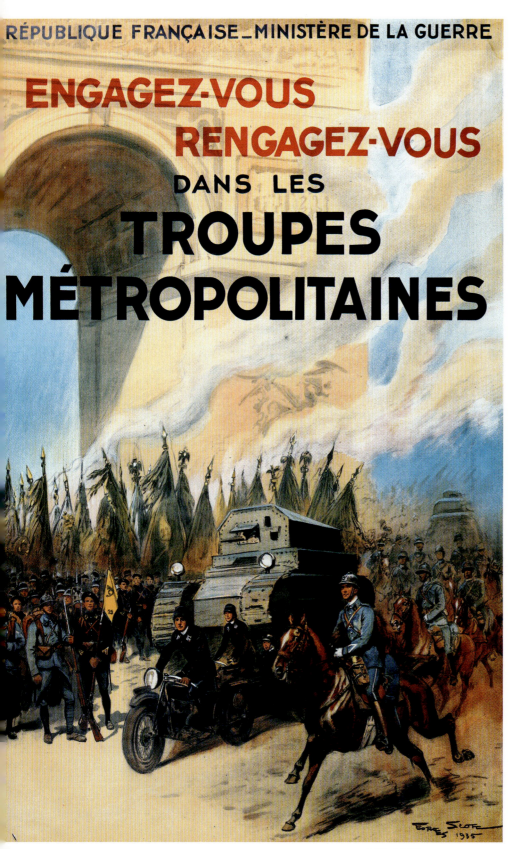

具有独特而不寻常的个性。这个法国双缸车型,通常被认为是欧洲的哈雷戴维森。因为它 45 度夹角的 V 型发动机,要么被热衷者喜欢,要么被讨厌,要么被它的魅力所吸引,要么对此漠不关心。这主要有两个原因。第一,René Gillet 这个名字对大多数骑车人来说没有什么意义,因为它在法国以外的地方并不出名,但在 20 世纪 20 年代和 30 年代,它变得极其有名,主要是因为它是被军队选中的摩托车。第二个原因是技术层面,与灵活的车架有关。但是它很容易被看作是一个无用的方案,只是使摩托车的设计变得复杂。

这家公司最初的总部设在巴黎,后来又在蒙鲁日,起源于 20 世纪后期,并以创始人的名字命名。和其他创始人不同的是,René Gillet 并不是从生产自行车开始的。他对机械很感兴趣,于是立即着手制造摩托车。René Gillet 必须努力克服财务和技术上的困难,他开发了一个又一个发动机,直到最后创造了自己的第一辆摩托车。在技术方面,他的一些有趣的设计还得到了赞赏。这家制造商还在不断地改进,并且参加了法国所有主要赛事,以确保建立自己的名声和地位。尽管是单缸机,最突出的型号是 500 毫升和 750 毫升,它们拥有很强的功率,而且最重要的是转矩输出也不错,适合装备有挎斗的摩托车。在比赛中,他们经常会彻底打败 BSA、印第安和

88 页图:法国军队使用的第一辆摩托车并没有受到骑兵军官们的高度重视,因为它的噪声经常会使马群受惊。

89 页图:那辆配备了挎斗的军用摩托车,因为越野车的到来而报废了,这是一种更容易驾驶和更适合运输的交通工具。

New Hudson 等厂家。

第一次世界大战结束后，René Gillet 开始了一段辉煌的时期，他们的双缸发动机挎斗摩托车被法国军队正式采用了十多年。这些年来充满了创新，但并没有改变 René Gillet 的基本哲学理念。

他们主要的创新是放弃了过时的扁平油箱，这样更利于放在座椅前面。还有使用 1000 毫升双缸发动机。实际上这并不是全新的发动机，因为它是在 750 毫升发动机的基础上扩缸而来的。这是制造商的策略：少而精好过于多而次。这就是为什么 500 毫升和 1000 毫升同时使用了相同的框架。发动机结构对于单缸或双缸来说都是一样的，通过减少或增加缸径可以获得不同的排量。这都是为了胜利而做的决定，对于摩托车 / 三轮摩托车来说，这款更大的 1000 毫升发动机立即赢得了持久且完美的声誉。更重要的是，制造商曾经决定为那些爱好者提供一个更灵活的车架。这个独特而令人兴奋的解决方案，是由 René Gillet 自己实现的：用可摆动的叉型结构，在后轮后面搭配两个弹簧。虽然减振行程并不是那么充足，但在那个年代，足以保证一个非常好的舒适度。但这一切都不利于机动性和高速转弯，因为系统的重量非常高，且集中在后面更倾向于令摩托车走直线。

René Gillet 的摩托车在比赛中取得了成功。在 1932 年的最后一次改款中，这个美式侧气门双缸机配备了一款完全成熟的四速变速器。这是一个令人印象深刻的改进。

1935年
宝马 R17

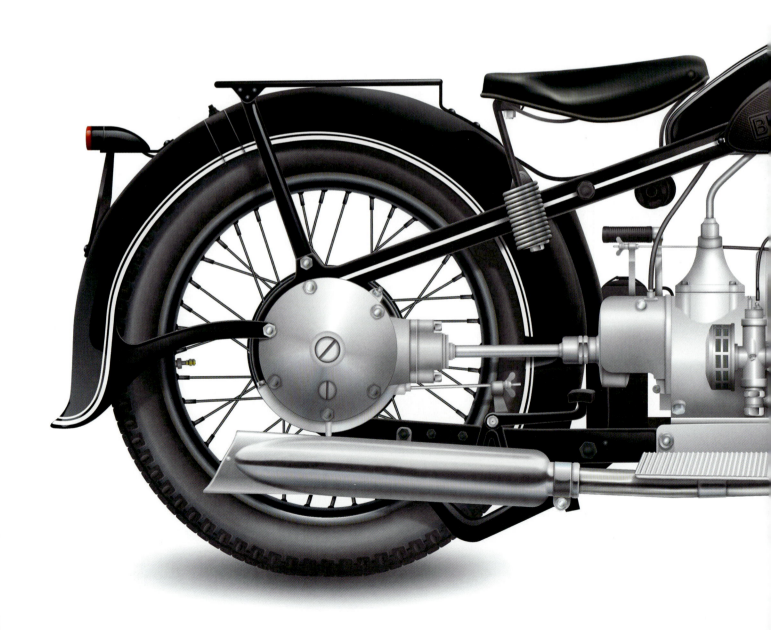

除了卓越的性能外,运动型宝马 R17 和它的姐妹 R12 可以宣称是革命性的新车,因为它们是第一个采用了带有液压减振器伸缩前叉的摩托车。这种世界级的创新使所有现款摩托车在生产过程中使用的设计都过时了。就其本身而言,这种类型的前叉并不是一个绝对的创新,因为在 20 世纪的第一个十年里,布里顿·斯科特(Briton Scott)已经安装了一个。然而,宝马设计的优点在于对这种结构进行全面的评估,并在内部采用了非常长的弹簧(这保证了有效的悬架行程),特别是液压减振器的使用提高了悬架的性能并抑制了它的回弹。这个设计既不简单也不便宜,它保证了卓越的舒适性和同样惊人的道路操控性。

1934 年,在第一次实验之后,德国制造商决定尝试这个原创且高效的液压前叉,由鲁道夫·施莱彻(Rudolf Schleicher)在 R7 上设计出来并获得专利。R11 是一款仍在原型阶段的摩托车。在接下来的一年里,新的 750 毫升摩托车被生产出来,它们取代了 R11S 和 R16S。车架依然是冲压铝制成的,动力系统则是已经广为人知、广受好评的双缸水平对置发动机——流畅的 R12 使用侧置气门,运动型的 R17 使用顶置气门。然而,真正的创新是采用了高效液压前叉,或者说它最初被称为液压前叉。多亏了这种设计,R17 成为这一时期最受追捧的摩托车之一,这是 20 世纪 30 年代的一种超级摩托车。稳定、舒适、坚固,但也令人难以置信的快,感谢它的独一无二,还有可以供应 33 马力(几乎比它使用侧置气门的姐妹动力多两倍)的发动机。由于 2040 德国马克的价格和它有限的产量,1935 年到 1937 年间只生产了 434 辆。

92~93 页图:1935 年,车手驾驶着宝马 R4S 和宝马 R17S 在慕尼黑的宝马测试赛道上进行测试。

93 页图:由于它们的可靠性,宝马被用来在恶劣路况下行驶。这是一辆 R17 挎斗摩托车,在 1936 年的非洲被用于中部狩猎期间的交通运输。

1937年
凯旋 SPEED TWIN 500

在20世纪早期建立的几百家公司中,只有极少数能够生存下来。它们中的大多数公司都关门了,少数公司试图再次崛起,但没有成功。来自英国的凯旋(Triumph),经过20世纪40年代、50年代和60年代的黄金时期,因其优秀的摩托车而闻名于世,后经历了一系列的困难(特别是日本摩托车的到来),使公司陷入危机,并于1983年关闭。然而,在20世纪90年代早期,它又复兴了,再次处于摩托车世界里的重要地位。它今天和100年前一样成功。事实上,这家英国公司的起源可以追溯到20世纪初,更确切地说是1902年,当时齐格弗里德·贝塔曼(Siegfried Bettmann)和莫里茨·施特雷(Mauritz Schultre)决定除了自行车外还生产摩托车。第一步是在自行车上安装一个发动机,于是这对夫妇就找到密涅瓦(Minerva),密涅瓦给他们提供了一个300毫升的发动机。不久之后,设计得到改进,采用了新的单缸侧气门240毫升发动机。因此,凯旋-密涅瓦(Triumph-Minerva)诞生了,并被越来越多的热衷者所接受。

1904年是该公司的另一个重要日子,该公司的总部位于考文垂的多帕克街。在许多竞争对手之前,这家公司制造了专门为摩托车而设计的车架。1905年,凯旋决定是时候自己生产东西了,包括发动机。这项任务分配给了查尔斯·哈撒韦(Charles Hathaway),他设计了一个360毫升单缸四冲程发动机。从这一点上讲,英国制造商的发展迅速,就像它在赛车运动中一样快。例如,1909年的第一个600毫升双缸发动机和在1921年第一次测试的500毫升四顶置气门发动机,新摩托车,以及在最负盛名的国家和国际比赛中取得的巨大成就,这些数字增长了又增长,到20世纪20年代中期达到了令人惊叹的水平,3000名工人生产了3万辆摩托车。

尽管1929年的金融危机引发了大萧条,但20世纪30年代,是凯旋在摩托车行业持续增长的十年。1932年,凯旋雇用了著名技术员瓦尔·佩吉(Val Page),他开始设计650毫升并列双缸发动机。四年后,杰克·桑斯特(Jack Sangster)购买了凯旋,这个关键的转折点出现了,他带来了亲信技术员爱德华·特纳(Edward Turner),一个杰克在Ariel认识并非常赏识的人。特纳立即开始工作,并制造了一台发动机和一辆摩托车,这将使英国公司进入一个新时代——Speed Twin 500。这个特

别的发动机是未来几十年的辉煌成就：一个崭新的双缸机。从瓦尔·佩吉的双缸机开始，特纳开发了一些非同寻常的、更紧凑和更有性能的东西，同时既简单又合理。这款双缸机在6300转/分时能获得27马力，考虑到当时是1937年，这是个不错的表现。同时，在低速状态还有一个极好的扭矩输出。剩下的地方则比较传统，是一个固定的支架和平行四边形前叉。这款车的设计很优雅，因为它的重量只有160千克，而且它的最高车速达到了145千米/时，表现完美。它的价格也更加平易近人。如果这一切还不够，1938年他们制造了"Tiger 100"，这是一种更加运动的版本。第二次世界大战结束后，在梅里登（Meriden）的新工厂（旧工厂已经被空袭摧毁），为Speed Twin装备了一个可伸缩的前叉和一个灵活的车架。

96页图：优雅、紧凑和Speed Twin 500是凯旋历史上的一个重要转折点。快、特别易于驾驶，第一个版本售价74英镑。

97页图：并列双缸四冲程发动机是摩托车的中心部件。它是由一个名叫爱德华·特纳的年轻人设计的。紧凑、坚韧、简单，同时能够提供令人满意的性能。

1939年
MOTO GUZZI CONDOR

一款真正的赛车，配备了前照灯、牌照和支架，以便在路上使用。来自 Moto Guzzi 的 Condor 500，至今仍是位于曼德罗·德·拉里奥（Mandello del Lario）的制造商最抢手的车型之一。这台机器最早出现于 1939 年，仅仅是在量产摩托车系列比赛成立的几年后。这样的比赛在一定程度上是为了应对不断增加的赛车成本，部分是为了让所有参与者都达到相同的水平。Moto Guzzi 总是热衷于能带来荣誉和广告效应的赛事，并不是毫无准备。最初，他们根据自己的现有产品进行改装，比如以 1933 年生产的 V 系列产品，设计出了美丽的 Gran Turismo Corsa（GTC），它带有凸起的排气管。然后，一旦他们意识到他们需要更具体、更强大、更轻的车型时，他们就创造了 Condor。

这么看起来，这款摩托车并不是那么新，但专家的眼睛会发现"鹰之家"所做的许多重要修改。这款摩托车的框架是从更轻的 250 车型上提取的，它已经在赛场上一举成名了。发动机是普通的带有电子外壳的卧式单缸机，特制的钢曲轴，双片式离合器，用斜齿轮替代直齿轮作为主传动齿轮会更安静，但动力损失更多。街道版本重 140 千克，有前照灯和必要的道路使用设备，在 5000 转/分时它的最大动力为 28 马力，最高速度大约是 160 千米/时。发布当天，热衷者们唯一的痛处是 11 000 里拉的价格，几乎是一辆好点的 500 毫升摩托车的两倍。

100~101 页图：轻量化、平顺以及速度和强度，都是 Moto Guzzi Condor 的特点。它的颜色是经典 Guzzi 红色和栗色的油箱。

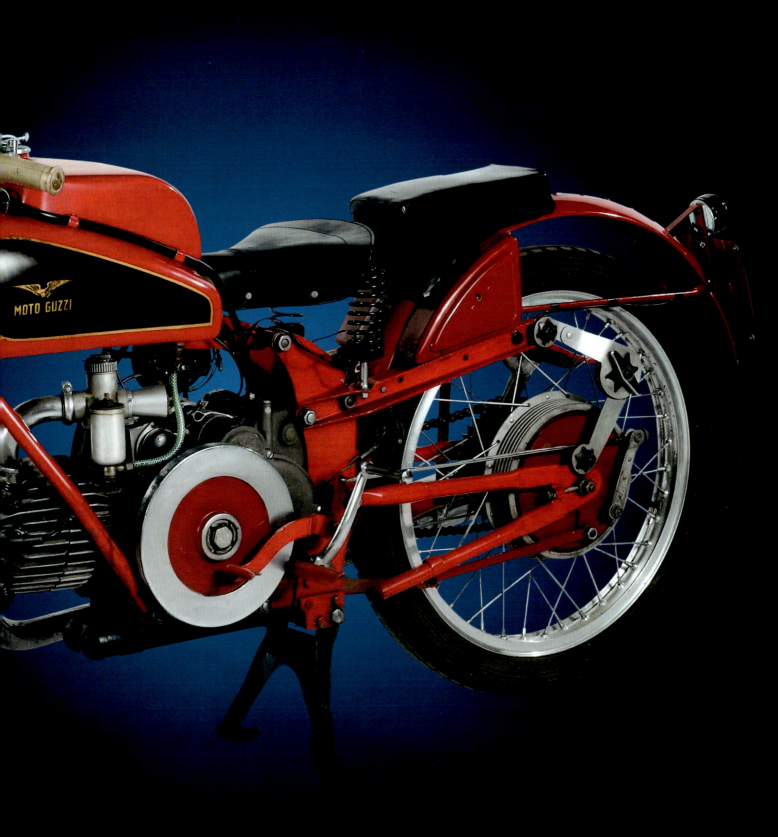

1939年
DKW RT 125

来自DKW的125小型摩托车可以被认为是世界上被模仿最多的二冲程摩托车。意大利、英国、美国以及许多其他国家都有自己的轻型摩托车，这些摩托车都是由DKW公司仿制或设计的。简单、结实、价格适中，它为许多想要进入有前途的两轮车辆的制造商展示了一种方法，他们的产品体积小而坚固，经过测试很安全。它的发动机已经被分解了无数次，由最重要的专家负责研究，以便可以完美地复制，或稍加修改，但很少得到改进。任何关于DKW的讨论都必须涉及二冲程发动机。

如果我们只考虑摩托车的生产，德国制造商从一开始就坚定地相信这种类型的机动化，这可以追溯到1919年。与四冲程发动机相比，生产二冲程发动机更便宜，重量更轻，在相同的气缸排量下，如

果做得好，甚至可以提供更多的动力。它的气味很大是真的，它的油耗也更多，但是从机械上来说它很简单，并且需要很少的技术知识来维修。DKW 的创始人乔治·斯考特·拉斯姆森（Jörge Skafte Rasmussen）感觉到有必要创建一款具有这些特性的轻型摩托车，可以卖给大众消费者。他在 20 世纪 30 年代的后半段创造了 RT125，而赫尔曼·韦伯（Hermann Weber）则全程监督。1939 年，RT125 诞生了，它是一款非常简单、高效且价格低廉的摩托车，因此可以出售。目标已经实现，不久就取得了成功。

因为工厂位于德国在第二次世界大战结束时被苏联占领的一部分，所以它被拆除了。机器和技术人员被运送到俄罗斯，于是后来就产生了克隆现象。

104 页上图：愉快的巴黎旅行机会是 1940 年这个有趣的广告的信息。

104~105 页图：DKW 公司多年来在两冲程发动机生产的前沿，它是将簧片气门使用在标准摩托车和单缸摩托赛车的先驱之一。

105 页图：这个 DKW 广告始于 1925 年，由图形艺术家兼画家路德·哈维（Ludwig Hohlwein）设计。

1940年
GILERA SATURNO 500

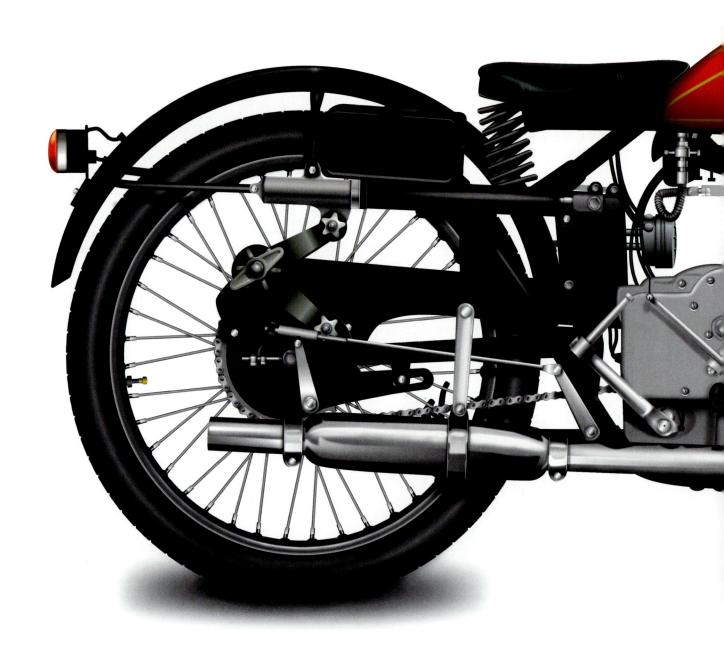

如果一辆摩托车没有流线型线条,那么它的大部分美学影响都来自于发动机的设计。这就是为什么很多狂热爱好者都认为 Gilera Saturno 是一辆充满吸引力和雕塑般美丽的摩托车。它简单、经典,却又迷人和壮观。在 20 世纪 40 年代和 50 年代,它在许多比赛中击败对手,因为它不仅漂亮,而且速度快,尤其是运动版。对于制造商来说生产赛车是不可避免的,因为公司的创始人朱塞佩·加勒拉(Giuseppe Gallera)首先是一个赛车手。出生于伦巴第南部的朱塞佩从小就喜欢机械师,他开始自己做准备,参加不同类型的摩托车比赛。由于多次获胜,他攒下了一大笔钱。1909 年,他决定在米兰的工作坊里制造自己的摩托车。与此同时,他把自己的姓氏从加勒拉改成了吉雷拉(Gilera),他认为这样听起来更好听点。

他的第一个发明是 317 毫升的单缸发动机,它展示了一些有趣的特征,成为未来摩托车的典型特征。例如,发动机在车架中部安装,以及发动机内部零件的散热鳍片。这是一件小杰作,非常成功。从这

一刻起，吉雷拉的成功和一系列新模式都符合创始人的原则。他坚定地相信简单化，因为简单的东西很容易维修，也很漂亮。与此同时，米兰的小工作室变得太拥挤了，是时候该转移了。吉雷拉决定搬到距米兰东北部20千米的一个名叫阿尔克雷的小镇，这个地方与蒙扎接壤，并与蒙扎国际赛场相邻。这是第一个500毫升单缸发动机诞生的地方，早期使用侧气门，后来使用顶置气门。同时，也是第一辆大型赛车赢得制造商声誉和财富的地方。

在第二次世界大战之前，吉雷拉的所有摩托车中最好的一款是Saturno 500。它是由机械工程师朱塞佩·萨尔梅吉（Giuseppe Salmaggi）在阿尔克雷开发的。这是一款经典的摩托车，虽然传统，却非常漂亮。尽管它是别人的项目，但它却是朱塞佩·吉雷拉的最爱之一。直到第二次世界大战结束后，这台来自阿尔克雷的大型摩托车在销售和胜利方面都取得了很大的成功。开放的吊架框架一直在使用。像制动和悬架系统在过去的几年里进行了改进（在1950年，改用伸缩式前叉，1951年安装"吉雷拉专利 Brevetto Gilera"的后悬架，一种经典的减振器取代了水平弹簧）。这款车的主要特点是发动机，一种机械雕塑，有着注重小细节、优雅且坚固的外观。这是一个长冲程（缸径×冲程84毫米×90毫米）几乎半升的顶置气门发动机，排量是吉雷拉著名的500毫升，绰号是"八螺栓"。它与一个整体的四速变速器结合，具有极佳的机动性。

由于其设计的成功，许多不同版本的Saturno被生产出来，所有型号都得到了狂热者的称赞。其中最重要的是运动版车型、赛车和越野车型。

108页上图和108~109页图：Saturno的外观非常干净、和谐、光滑、平衡。它可以被认为是经典的美。它是在第二次世界大战之前创造的，并在1946年开始取得成功。

1946年
比亚乔维斯帕98

在第二次世界大战结束时,恩里科·比亚乔 (Enrico Piaggio) 有两项主要任务:一是在庞特德拉重建工厂,二是将工厂从军事生产转变为民用市场的生产。

比亚乔这个名字已经在工业界广为人知,因为恩里科的父亲里纳尔多是热那亚船东,他在海上运输中生意兴隆,后来业务又扩展到火车和飞机领域。但纳尔多不幸于1938年去世,因此便由1905年出生于热那亚的恩里科掌管父亲的业务,那时他还很年轻。

正如上文所述,在第二次世界大战结束后,为了确保公司的未来,他面临着两大问题。他进行了细心的市场分析,结果表明:此时市场紧缺的是一种价格合理,多数人都能买得起,并且可以为国家战后恢复提供运输能力的交通工具,而且这款车必须男女老少皆能使用。

传统摩托车如果不配备挎斗,是不适合运输大件物品的。没有"运输"这项重要功能,显然不符合当时的市场需求。而且这些年来,摩托车一直被认为是偏运动的交通工具。因此,踏板摩托车应该会成为新的运输方式,从而受到欢迎。几年前曾经也有过类似的设计,但当时因为种种原因没有得到认可。

然而,一些特点已经被证明相当成功。例如,对驾驶人的保护、易操作性和上下车的便捷性。这些是恩里科·比亚乔向科拉蒂诺·达阿斯卡尼奥(Corradino d'Ascanio)提出的设计要求,他从20世纪30年代初就一直在"比亚乔航空"公司担任技术工程师。

这款车最初被称为 Moto-Scooter 98 毫升,1945 年成型,次年以维斯帕这个名字投入生产。车身由承重压板制成,搭载二冲程的单缸卧式发动机,发动机完全放置在右边,靠近后轮,并被完全隐藏。这样功率直接从变速器传送到车轮,不需要链条或传动轴的帮助。车身低矮,因为轮子小、座位前面没有油箱,所以很容易爬上去,并且有前挡板的保护,开起来一点也不费劲,尽管可能需要一些时间才能习惯放置在左侧的三挡手动变速杆。即使技术上不是很专业的人也注意到了另一个微妙之处,那就是悬臂式安装的车轮,快速而且易于拆卸和互换。它售价 55 000 里拉,结果是成功的,既实用又坚固,而且价格实惠。如果有必要的话,几乎可以装载任何东西。例如,放在两腿之间的面粉、水泥等袋子,而且在主座椅后面有一个额外的座椅,可以运输乘客或其他负载和设备。

另一个促成维斯帕成功的因素是遍布意大利和世界其他地方、分部广泛的销售和服务网络。1956 年,在第一款车发布之后的 10 年,比亚乔庆祝了它人的第 100 万辆维斯帕下线。

112 页图:这张照片拍摄于 1950 年,在比亚乔的钣金加工区域,巨大的压力机和用于卷曲和切割金属的切片机。

113页上图：1947年，一名比亚乔测试员骑着一辆基于维斯帕改造的三轮车上了一段楼梯。

113页下图：简单而明亮的第一款维斯帕采用8英寸轮胎，安装在金属板材模块化生产的轮毂上。在爆胎的情况下可以轻松地拆卸轮毂并进行修理。

114 页上图：名为 MP6 的原型车，即后来维斯帕的原型车。该项目被委托给了来自阿鲁所地区的机械工程师科拉蒂诺·达阿斯卡尼奥，他对航空情有独钟。

114~115 页图：一些最著名和最受人欢迎的维斯帕小册子。广告中几乎总是以一个女人坐在摩托车旁边为特征，以说明驾驶是多么容易。

115 页上图：这里展示的是"98 毫升 Moto-Scooter"的最终设计，单壳体二冲程发动机，搭配三速变速器。这个图纸上的日期是 1945 年 8 月 30 日。

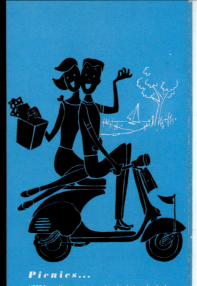

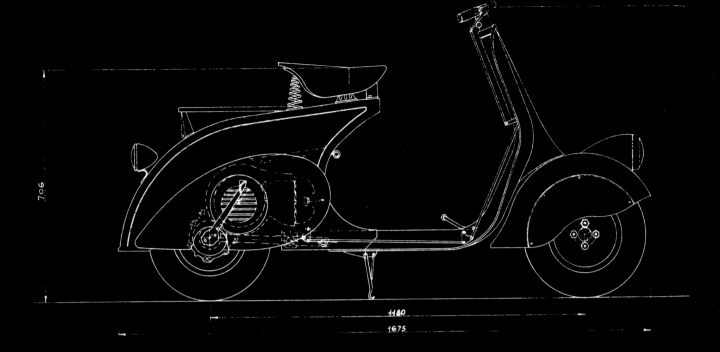

CARATTERISTICHE PRINCIPALI

TELAIO : — SCOCCA PORTANTE, A FORMA APERTA E CARENATA; COMPLETATA PER FUNZIONE PROTETTIVA DA UNO SCUDO ANTERIORE E DA UNA PEDANA
— SACCHE LATERALI PER COPERTURA MOTORE E PER VANO PORTA-OGGETTI
— PARAFANGO CON FARO

MOTORE : — A DUE TEMPI, DA 98 C.C., CON CAMBIO A TRE MARCE INCORPORATO E TRASMISSIONE DIRETTA ALLA RUOTA

30-8-45 PROGETTO DI MOTO-SCOOTER 98 c.

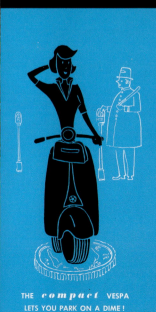

THE *compact* VESPA LETS YOU PARK ON A DIME!

And...
We nearly forgot about maintenance, ...'cause your VESPA needs so little... IT'S SO SIMPLE!

VESPA MEANS...

COMFORTABLE RIDING
AMPLE SPEED (to 50 MPH)
ECONOMY 100 MILES PER GAL.
LIGHT WEIGHT 198 LBS.
PEDAL & HANDLE BAR BRAKES

FOLKS ALL OVER THE WORLD KNOW THAT VESPA IS THE "BUY - WORD" FOR SIMPLIFIED MULTI-PURPOSE... FUN TRANSPORTATION.

1946年
SOLEX VELOSOLEX 49

这款车第一次出现在大银幕上，就是和著名女演员兼模特碧姬·芭铎（Brigitte Bardot）一起。这是1952年的电影《摩登家庭》，影片中出现了这款特殊的搭载了发动机的助动自行车，与雪铁龙2CV一起，将成为法国最受认可的象征之一。像查尔斯·阿兹纳维（Charles Aznavour）和西尔维·瓦坦（Sylvie Vartan）这样的歌手，像霍纳尔·布莱克曼（Honor Blackman）和费尔南德·雷诺（Femard Raynaud）这样的演员，都将会被看到骑着这种不同寻常的车子，直到今天仍然让数百万的粉丝兴奋不已。

简单地说，Solex公司的Velosolex就是一辆配备了发动机的自行车，使用起来非常方便，价格又实惠。它车身的基本布局多年来一直没有改变，尺寸也没有增加，没有变成助动车，或者更糟糕一点，变成摩托车。它一直是它最初的模样，赢得了数以百万计的用户的喜爱和尊敬。这款车由马塞尔·门尼斯(Marcel Mennesson)和莫里斯·古达尔(Maurice Goudard)构思而成，1946年开始销售。这是第二次世界大战后的艰难时期，由于财政资金的缺乏，而阻碍了人们重建家园的行动。意大利首先提出了解决方案，比如Cucciolo、Mosquito和其他各种加装辅助发动机的自行车。但是，它们都没有法国同行生产的Velosolex有如此长的生命周期和广泛的扩散力。这款车一度被称为"能自己移动的自行车"。它出口世界各地，并授权给各国制造商生产售卖，包括印度、日本和巴西。

正如前面提到的，这款车的亮点在于其设计的简单性，其中包括一个比自行车更小的车架，一个低功率的两冲程49毫升发动机安装在前面（最初能产生0.5马力，极速25千米/时。它十分耐用，而且1升的气体混合物就能轻松跑上70千米。移动车把上的拨杆、传动系统里的滚柱会通过接触车轮来提供动力。

118页图：学生、工人，甚至是如碧姬·芭铎一样的名人，都会骑着Velosolex去上班或拍摄电影场景。

119页图：这一场景来自1958年的法国电影《我的舅舅》(Mon Oncle)，由雅克·塔蒂（Jacques Tati）和阿兰·贝库尔（Alain Becourt）主演。在前景中，是Velosolex与它经典的锡罐燃料。

1947年
INNOCENTI LAMBRETTA 125A

第二次世界大战后最受欢迎的两家小型摩托车制造商是维斯帕和Lambretta，它们多年来一直在相互竞争。它们有非常相似的历史，至少在起源方面。

与维斯帕一样，Lambretta也诞生于战后时期发展非军品生产的需要。最重要的是，它们创造了一些新的东西来满足意大利人民慢慢恢复正常的需要。

费迪南多·伊诺森蒂（Ferdinando Innocenti）来自托斯卡纳，是一位技术精湛的制造者。他搬到罗马，经营建筑用脚手架的管子和夹具，并在此领域中站稳了脚跟。在20世纪30年代早期，生意很好，伊诺森蒂在米兰也建立了一个工厂，就在米兰的蓝布拉特Lambrate区（这也是车型名字的由来）。随着第二次世界大战的爆发，工厂由生产脚手架管变成了生产子弹。到1944年，他已经很有远见地开始思考战后需求。一旦战争结束，单纯生产脚手架管并不足以支撑这家公司。雇用了这么多劳动力，应该为人们提供一种价廉物美的交通工具，如踏板摩托车。当时意大利境内有很多英国和美国士兵已经开始使用助力车通勤了，其中最吸引这位托斯卡纳制造商的是内布拉斯加州的Cushman，它简单、坚固、价格低廉、轮子小，还配上了很好用的发动机。

当受到轰炸破坏的蓝布拉特工厂刚开始重建时，伊诺森蒂就联系了来自罗马的皮耶尔·路易吉·托雷（Pier Luigi Torre），请他担任为战后人们创造生产工具的项目经理。托雷是一名来自航空领域的动力工程师，他把多年的工程经验带给这个1947年刚刚诞生的踏板摩托车行业。由此，Lambretta与维斯帕激烈的竞争开始了。

尽管这两款踏板摩托车都有护板，而且都很容易驾驶和装载，但它们却截然不同。Lambretta很小巧、低矮（轮胎只有7英寸）、没有悬架，冲压板件和管材混合构成底盘。125毫升两冲程发动机直接可以看到，并没有盖在整流罩下面。而且，最不像维斯帕的是，它的发动机是置于车子中间的，就在座位底下，而非放一侧。这个解决方案保证了几乎完美的重量分配。而这些差异也引出了这两拨支持者之间不断地争论。它们的二次传动系统也是不同的，Lambretta选用轴传动，更复杂、成本也更高。最后，Lambretta的三速变速器是由脚来控制的。

这款车在1947年年底上市，一开始受到的欢迎并不热烈。然而，在1948年推出了被称为B版本的新款，配备了悬架

系统、更大的轮子和放置在车把上的变速杆，销量有所改善。到1950年，C系列上市，更轻、更便宜的管式底盘，全新的前悬架，而且最重要的是提供了可以选装整体整流罩的豪华版本（LC）。与维斯帕的竞争刚刚开始，Lambretta的高潮还尚未到来。到20世纪50年代后半叶，Sporty TV 175诞生。在优雅和易于驾驶方面，它不如维斯帕GS 150，但胜在更稳定，有更好的性能。

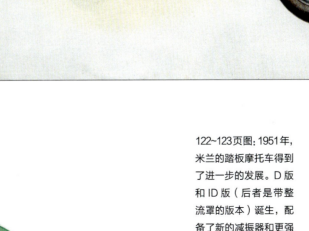

122~123页图：1951年，米兰的踏板摩托车得到了进一步的发展。D版和ID版（后者是带整流罩的版本）诞生，配备了新的减振器和更强大的发动机。

123页图：开始时，年轻的牛仔们骑着Lambretta，代表着他们轻松、不羁的灵魂。这家位于米兰蓝布拉特的制造商经常用女人和孩子来宣传自己的踏板摩托车。

124~125页图:由于其出色的能力,Lambretta就像维斯帕一样,不仅适合工作,而且是适合假日出行或野餐的交通工具。

125页上图:这幅来自20世纪50年代的图片展示了米兰 Innocenti 工厂里 Lambretta 的现代化装配线(图中是有完整整流罩的版本)。

125页下图:在20世纪50年代早期,除了C版本之外,第一个带完整整流罩的版本投产,被称为LC。以管状底盘和全新的前叉为特点,并减少了可选颜色的范围。

1949年
IMME R100

仅仅是写关于摩托车的文章还不够，这些摩托车需要被看到、分析和研究。小型摩托车 Imme 有着独特的技术细节，充满与众不同的独创性，却没有得到应有的关注，甚至包括它的制造者诺伯特·里德尔（Norbert Riedel）。但是，受到爱好者们的广泛关注却也并非是"成功"的必要条件。至少，制造者在当时并没有这样的奢望。摩托车的世界里经常发生着这样的事情：应用的技术过于冒险，过分领先于那个时代。

不过，Imme 仍然深受许多发烧友的喜爱，特别是它独创性的一些技术点，如单体梁的车架结构和与摆臂合为一体的发动机，多年以后其他品牌才有这样的应用。

Imme 的诞生源于里德尔的一个愿望：想要制造和销售简单实用的原创轻型摩托车。在为几家摩托车工厂工作之后，这位才华横溢的德国技师决定自己创业。1949 年，他搬到伊门施塔特（Immenstadt，该品牌因为这个地名而得名），毗邻前宝马仓库。在这里，他开始生产非同寻常的摩托车。为了简化结构、降低成本并减轻重量，车身采用了单体梁的框架结构。这些元素并不是什么新鲜事物，真正的创新来自前叉和单侧摆臂，这样可以快速地拆卸和互换车轮。更有趣的是摩托车的中间部分：发动机靠在长摆臂上，会随着摆臂本身的运动而运动。摆臂本身内部中空，也起到排气管的作用。这个解决方案的优点之一是随着悬架的范围改变，而链条的张力不变。为了简化目的，同时又不失独创性，发动机采用一种小型的卧式两冲程短行程的单缸发动机，排量为 99 毫升，能够提供大约 5 马力的动力，这种轻型摩托车（真的是轻便，重量不超过 60 千克），可以达到接近 80 千米/时的极速。

128 页图：尽管外形看上去很单薄，它的主人们还曾在严酷的越野之旅中对其进行严格的测试，但结果是这辆小型 Imme 100 摩托车从未有过任何弱点。

129页左图：从正面来看，小巧的Imme 100 的设计特别强调其紧凑的结构，以保证类似于踏板摩托的操控灵敏性。

129页右上图：内置3速变速器的发动机特别紧凑和坚固，但因为特别的形状而被称为"蛋"形。它的后悬架设计新颖而高效。

129页右下图：由于采用单摇臂悬架，轮胎更易于更换。里德尔还提供了可选装的备胎，放置在背包架左边。

1950—1969年

在缓慢的重建之后，逐渐恢复正常。
是时候考虑未来了。
第一辆日本摩托车开始出现，它们注定要改变整个行业。

在战争结束后的一段时间内,主要的问题是重建工厂并将其改建为非军事用途。由于财政困难,这意味着在建造与战前相似的摩托车的同时,还需建造廉价的微型摩托车,以满足贫困大众对交通工具的需求。从 1950 年开始,迫切需要资本来帮助制造一些新的东西。而这正是这个强劲增长的市场本身的需要。在意大利,车辆保有量从 1950 年的 60 万辆增加到 1954 年的 220 万辆,只用了短短四年时间。这些令人印象深刻的数字鼓励工业家、工匠和爱好者成为摩托车制造者、调校师,甚至是装配工。在 20 世纪头十年里,经济环境相当友善,有很多机会书写历史。各种活动、演出、品牌车友聚会(最开始都是针对维斯帕和 Lambretta 车主)越来越多。真正的摩托车文化诞生了。它不再仅仅是追求运动的赛车,更是变成上下班的通勤工具,也可以在周末骑着轻松出游。但是,各国的生产格局大相径庭。例如,在意大利,越来越多的车身紧凑、价格合理的 50 毫升摩托车,也就是所谓的轻便摩托车或助动车,以及 65 毫升、125 毫升和 175 毫升的排量,最大到 500 毫升。英国和德国的公司走得更远,气缸排量也日渐增大。小排量逐渐受到冷落,尤其在英国。那在海外呢?

131页图:马龙·白兰度(Marlon Brando)在1953年的电影《飞车党》(The wild one)中靠在一辆凯旋摩托车上。

132页上图:1954年,弗格森·安德森(Ferguson Anderson)在350组别夺得世界冠军,250组别的冠军是阿戈斯蒂尼(Agostini)。这些重要的胜利对Moto Guzzi来说相当有用,因为可以为自己的产品做广告。

132页下图:1950年的曼岛,两名机械师在为两辆Norton赛车做赛前准备。

133页图:这张海报刊登了曼岛上举行的TT摩托车大赛(Tourist Trophy),这是世界上最迷人和最危险的比赛之一。

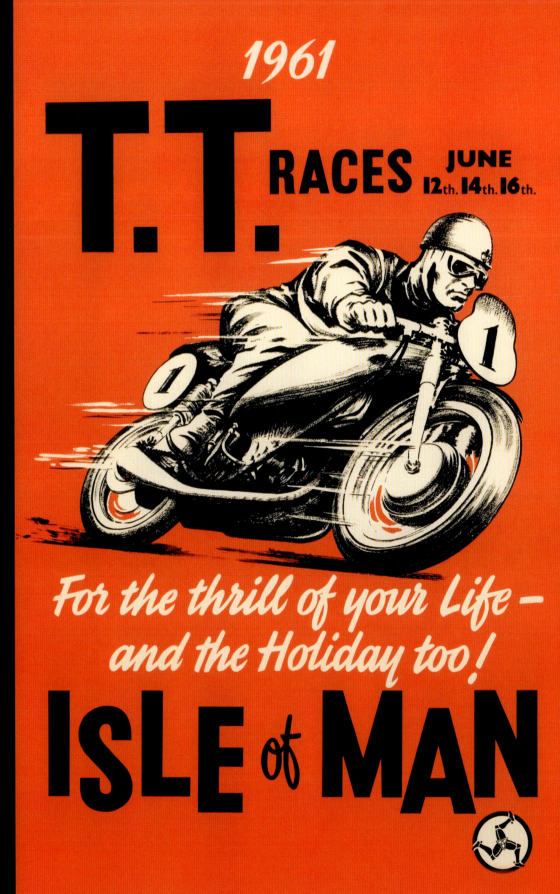

哈雷继续延续它的大排量双缸大型路线，而印第安品牌进入了低潮期，最终将会导致其关闭。在这些年中，美国人发明了另一种机动车：卡丁车。卡丁车的发明源于偶然，却注定传遍全球。但是，这是另一个故事。虽然卡丁车也是管状底盘、使用来自摩托车的发动机，但我们正在谈论两个轮子，而不是四个。

摩托车世界的重大发展出现在20世纪60年代。例如，意大利的本土公司开发了之前从没听说过的750毫升和800毫升排量的摩托车，日本制造的摩托车进入市场。起初，这让欧洲人皱眉，这些摩托车在一夜之间改变了竞争和制造品质的标准，使欧洲车一下黯淡无光。日本摩托车振动更小，不漏机油，看起来很结实，而且因为有先进的工业化经验，所以价格也非常有竞争力。唯一的短板是缺乏经销商，这对复杂的机械来说相当重要，因为更换部件经常无法立即提供，必须千里迢迢运过来。

这种情况很快就随着经销商的迅速普及而得到了改善，在需要的时候增加备件的供应，而且这些新摩托车几乎不出故障。对于许多老牌摩托车制造商来说，这是终结的开始。有悠久的历史，或者曾在赛场上战功赫赫，在这个时代都已经不够用了。人们想要实用又快速的摩托车，不需要不断地精心养护也可以正常运转。面对这个新的局面，损失最多的是英国制造商。虽然他们的摩托车曾经有悠久的历史和独特的魅力，但正如前面提到的，这是不够的。属于单缸或双缸的年代即将结束，新的潮流即将来临。

134页图：在20世纪50年代和60年代，摩托车总是不公平地与电影中的"坏家伙"绑定在一起。图为1968年的电影《Breaking It Up》剧照，本片由约翰尼·哈利戴（Johnny Hallyday）主演，约翰·贝里（John Berry）导演。

134~135页图：哈雷戴维森摩托车在1969年的电影《逍遥骑士》（The Easy Rider）中，和丹尼斯·霍珀（Dennis Hopper）、彼得·方达（Peter Fonda）一起出现。《逍遥骑士》向更多的欧洲观众展现了美式摩托车的传奇世界。

1950年
MOTO GUZZI FALCONE SPORT

作为 Gilera Saturno 的宿敌，Falcone 代表了 20 世纪 50 年代 Moto Guzzi 的转折点。在 1950 年初的日内瓦车展上亮相、售价 48.2 万里拉的 Falcone，被认为是创始人卡洛·古兹最初理念的最终进化。这确实是一款全新的摩托车，搭载了制造商在当时全力研发的最先进的技术。它以最严苛的制造标准，同时兼顾了强劲的性能表现。底盘采用封闭的双摇篮形式，框架后部用螺栓固定。前悬带漂亮的可伸缩的前叉，后悬是 Moto Guzzi 品牌经典的摆臂形式，通过弹簧连在发动机下面，减振器连在最后面的工具包下面。

这款车最重要的部件是强大的卧式单缸发动机。虽然算不上完全创新，但做了很多小改动以提升表现。为了解决之前有人在一些评论中提到的变速器换挡慢和不够平顺的问题，Falcone 配备了"condortype"变速器，即连续啮合的平行轴结构四速换挡。同时配备了很大的外部飞轮，现在这已经成为 Moto Guzzi 公司的标志性特点，它能改善发动机在低转速、急加速和收油门的工况下的性能表现。这款全新摩托车大约 23 马力，轻松达到了 135 千米/时的极速。更重要的是，它的极速能够保持几千米长的距离，这要归功于极其高效的润滑系统。

在后来几年的几次更新中，最重要的是 1953 年推出了更温和的 Turismo 旅行版。当然，Falcone 最成功的版本是 Sport 运动版。

138~139 页图：快速、可靠、稳健——Falcone Sport 的目标是那些喜欢在高速公路上跑很长距离的运动型车主。这款摩托车在直线上表现最好，弯道稍逊。

1958年
凯旋 BONNEVILLE T120 650

142~143 页图：凯旋 Bonneville 是英国最著名的双缸运动型摩托车。图中版本来自 20 世纪 60 年代后半叶。

这款车是如此有名，即使过去了半个世纪，英国凯旋公司仍在生产沿用同样名字的车型。我们说的是凯旋摩托里最负盛名的一款：Bonneville。快速，即便不是最快的；优雅，只有很少数英国摩托车能如此优雅；轻便而可控。Bonneville 的名字来源于著名的美国盐湖边缘的一个小镇子。为何得名呢？20 世纪 50 年代后半叶，在爱德华·特纳（Edward Turner）的指点下，凯旋意识到摩托车主们越来越需要更运动的车型，尤其是来自美国的消费者。尽管在世界各地开始突然出现各种限速，但也正是在那个时代，人们开始对性能的追求。因此，在 1958 年的英国车展上，凯旋发布了 Bonneville T120 650 这款新车。这个长长的夹杂数字和字母的名字分别代表着不同的含义。650 代表搭载了性能强大的 650 毫升长冲程发动机，具有 360 度的曲柄；120 是指极速 120 英里/时（193 千米/时）；T 代表传奇的双缸发动机；最后，选 Bonneville 这个著名的名字是因为它和速度的联系。而且，据当时一则新闻报道，是最后一刻才决定加上这个名字的，目的就是强调新摩托车运动性的定位。事实上，在 1956 年车手约翰尼·艾伦（Johnny Allen）驾驶由凯旋双缸发动机驱动的摩托车创造了新的速度纪录，达到 188 千米/时。正是在临近 Bonneville 镇子的盐湖创造了这个纪录。这里曾经和现在都是纯粹的速度爱好者，以及那些为了追求各种极速纪录的人的必去之地。选用这个名字被证明是个成功的商业行为。Bonneville 成为一段传奇、崇拜的对象，后来经过一系列常规机械结构和车身框架的升级，一直生产到 20 世纪 80 年代早期。而后又在新的千年复活。

1960年
宝马 R69S

为旅行而生,却又能上赛场;优雅又简单;能承受高速行驶很长的距离,也能以四挡时速 40 千米漫步。随着使用时间的增长,它的坚固性和可靠性又被越来越多地赞赏。作为早几年发布、已经获得高度评价的 R69 车型的运动版本,宝马 R69S 在 1960 年年末的法兰克福亮相。摩托车市场销售量和出口量都在下滑,宝马 R69S 出现在一个不是那么乐观的年代。

因此,R69S 的使命便是推动这个德国品牌,这一目标完全实现了。双缸 600 毫升水平对置发动机,直到现在还是宝马摩托车的招牌,刚刚完成一次彻底的修改,大大增加了动力。从之前 R60 的最大 30 马力(峰值动力出现在 6800 转 / 分),增加到 42 马力,峰值动力所在的转速仅仅增加了 200 转 / 分(7000 转 / 分)。

所有这些改进都是在不影响基本稳定性的情况下获得的。技术人员采取了充分的措施,并再次对这款摩托车的所有细节进行了妥善处理。从发动机开始,发动机从 1963 年起就开始配备带减振器的传动轴。其他创新包括增加了转向系统的液压减振器,这进一步提高了已经相当出色的稳定性。最后,进一步的改进是配备带有 Earles 型下悬臂的前叉(其发明者是一名叫 Earles Hernias 的英国人)。

这种前叉采用的原理与之前已经提到的 1904 年标致使用的前叉很相似,在 20 世纪 50 年代和 60 年代取得一定程度的成功。被安装在摩托赛车(如 MV 500 四缸)及越野摩托(如著名的 Hercules)上。最初,宝马决定采用 Earles 前叉,但后来又慢慢抛弃了这个配置。从 1967 年为美国市场定制的 R69S 开始,选择使用更加传统但更高效的套管式伸缩前叉。

146~147 页图:这款摩托车的外观充满个性,体现了日耳曼风格:传递出的力量和可靠性令人愉快。

148页图：塞巴斯蒂安·纳赫特曼（Sebastian Nachtmann）驾驶着为场地赛而改装的宝马摩托。直到1980年，随着R80G/S的上市，宝马才迎来了第一辆越野摩托。

148~149页图：20世纪60年代的宝马产品册：从小型单缸R27到大一些的R69S。

1962年
杜卡迪 SCRAMBLER

从 Cucciolo（杜卡迪的单缸发动机）到 Scrambler（杜卡迪的经典车型），从 desmodromic（杜卡迪特有的气门控制技术）的发布到国际摩托 GP 锦标赛冠军，这个来自意大利博格尼亚的传奇制造商享受着一个又一个成功。尽管也经历过一些糟糕的时期，但杜卡迪都能凭借优秀的企业精神、使命感和不懈的热情，安然渡过困难。几乎没有其他制造商能与杜卡迪相比。

杜卡迪品牌于 1926 年由杜卡迪家的三兄弟阿德里安 (Adrian)、布鲁诺 (Bruno) 和马塞洛 (Marcello) 共同创立。他们最开始生产电气和电子元件，以及照相机和收音机。直到战后时期才进入机械领域，制造了名叫 Cucciolo（又称"小狗"）的小型四冲程发动机。

在摩托车赛事中，这个小型发动机在蒙扎赛道 50 毫升组别拿到好几个速度纪录。主要因为这些高密度的赛事活动，Cucciolo 销量一路走高，推动了杜卡迪进入令人激动的摩托车世界前沿。从轻型助动车到摩托车的过渡非常迅速。总部设在意大利博格尼亚的杜卡迪公司从 1950 年开始生产第一款轻型摩托（65 毫升和 98 毫升排量），但决定性的发展始于 1954 年。当时总经理朱塞佩·蒙塔诺（Giuseppe Montano）聘请了一名年轻的工程师法比奥·塔格里奥尼（Fabio Taglioni），他曾在 Mondial（意大利老牌摩托制造商）工作，积累了大量经验，迅速设计了一款新的高性能发动机，帮助杜卡迪获得了著名的米兰-塔兰托拉力比赛的胜利。

因此，第一款搭载锥齿轮传动凸轮轴和锥齿轮的单缸发动机诞生了。这个精致而高成本的解决方案，为性能带来了极大的提升，并给其他供应商提供了一个范例。另外，重要的一步同样也来自塔格里奥尼的发明：世界上第一个使用 desmodromic 技术的发动机㊀，专门为"全球速度锦标赛"125 组别而制造的。这种设计再一次违背了公认的想法，而且实现成本很高，但它确实使发动机变得更加强大，赢得了更多的比赛。

正是因为这一点，美国人登上了舞台。凭借领先的工程技术和众多的胜利，杜卡迪这些小而快速的摩托车声誉横跨大西洋。总经理蒙塔诺亲自访问美国，旨在委托在纽约的柏林兄弟公司负责杜卡迪摩托车出口美国。

美国市场辽阔，极具竞争力。对于任何制造商而言，能将产品销往美国，几乎是获得长期成功的必要条件。柏林兄弟想要一款相对较小而又性能优秀的摩托车，能够兼顾公路和越野路面的行驶。杜卡迪从已经在产的 175 越野摩托车着手，改进开发了 Scrambler 车型，带有低位前挡泥板，和已经在 Diana 街车上使用的 250 毫升单缸发动机。Scrambler 于 1962 年首次亮相，大获成功。

在接下来的几年中，这款摩托车变得更舒适，更适合在日常道路上驾驶，而不是在崎岖的土路上。这一切都帮助它得到进一步的赞扬，但还远没达到成功的顶峰。1968 年，必须再次感谢充满才华的塔格里奥尼，杜卡迪开始生产比以前更坚固、排量范围更广（从微型 250 毫升一直到 450 毫升）的单缸发动机（被称为 Wide Carter）。Scrambler 也开始搭载这些不同排量的发动机。Scrambler 由此开始声名远播，不仅在北美大陆，同样也在欧洲，尤其是意大利——它的家乡。

152 页左图：博格尼亚摩托车制造商杜卡迪在 20 世纪 60 年代用过的 Logo 之一。

152~153 页图：1970 年杜卡迪 Scrambler 的广告。当时 Scrambler 的各个广告版本中都显示着美式平面风格。

㊀ 是杜卡迪特有的一种连控轨道控制气门升降的技术。——译者注

1965年
哈雷戴维森
ELECTRA GLIDE 1200

1967年，世界上最伟大的摩托车记者之一卡洛·佩雷利（Carlo Perelli）试驾了这款摩托之后，在《Motociclismo》杂志上的描述如下："只给它的外观下个定义是远远不够的，甚至照片也不能完全表达看到这个纪念碑式的车型给人带来的震撼。可以这么说，它长2.35米，轮胎宽6英寸，重310千克。而作为一个整体是如此比例协调，在'空'和'满'之间没有丝毫的不平衡。""哈雷戴维森1200是一款与众不同的摩托车，它有自己独特的个性，生来就是为在漫长而高速的路途中行驶的，在完美的巡航车速时，为驾驶人提供最大限度的舒适体验。"

这是Electra Glide 1200，哈雷戴维森自己称之为"高速公路的女王"，推出于1965年。威风、昂贵，它仍然是伟大的美国象征之一。它既是对前作的进化，也是一场自我革命。它搭载了经典的45度V型发动机，成为这个来自密尔沃基制造商的中流砥柱。在第二次世界大战爆发之前，哈雷公司生产了一款双缸1208毫升顶置凸轮轴的发动机，在战后时期被重新利用。

1949年，随着电动液压前叉的到来，Hydra Glide诞生了。十年后，引进了摆动前叉和两根减振，发布了Duo Glide。1965年，又得到了进一步的改进，使用了电动起动机，使舒适度大增。这个优化后的车型被命名为Electra Glide，有两种不同的排量：61（FL）和66马力（FLH）。多年来，大排量摩托车得到了长足的发展，还没达到极端的规模。但"女王"凭借着它的魅力和影响力，到今天仍然是"女王"。

156页上图：1973年，Electra Glide成为电影里的明星。这部电影的名字也很应景，称为《忧郁骑警》（Electra Glide in Blue），由詹姆斯·威廉·格里奥（James William Guercio）导演，罗伯特·布莱克（Robert Blake）和比利·格林·布什（Billy Green Bush）主演。

156页中图和下图：虽然竞争激烈，Electra Glide仍然是路上的"女王"。多年来多有改进，但仍坚持着原来的设计精髓。

158 页左上图：45 度 V 型双缸的特写，它的空滤上有一个漂亮的镀铬罩。

158 页右上图：在前部大挡泥板一角的细节。

158~159 页图:虽然 Electra Glides 的尺寸和重量很大,但非常易于骑行,充满不可思议的魅力。

1968年
BSA ROCKET 3 750

这款摩托车在今天要比它在20世纪60年代末面世之时更加成功。Rocket 3可以被认为是在那些曾经辉煌的品牌消失在历史长河之前，最后一款伟大的英国摩托车。BSA也在消失的名单之中。尽管它在设计上不算新颖，但在性能方面却非常出众。帮助它克服阻力的三缸发动机提供了动力、灵活性和令人难忘的声浪。

制造三缸750毫升发动机的想法可以追溯到20世纪60年代初期，是由来自凯旋的设计师博特·霍普伍德（Bert Hopwood）和道格·海莱（Doug Hele）设计的，而凯旋正是BSA集团旗下的品牌。如前所述，这一时期的趋势是增加排量和售价，两名工程师正是按照这样的方向。他们的努力直到20世纪60年代后半期才得到赞赏，当时全世界都在讨论有关本田750即将到来的消息。一些制造商并不担心，其他的制造商开始未雨绸缪地试图创造一些东西来与本田相抗，至少是在名义上。BSA为了扭转销量不断下滑的局面，重启了曾经的750毫升项目，同时生产BSA Rocket 3和凯旋Trident。因为这两个项目，BSA集团获得了很多好评，尽管还没有让所有人信服。有些人认为它太臃肿，特别是在中间部分。而最令人兴奋的是它的三缸发动机，灵活、功率强劲（最大58马力，最大功率转速7650转/分），可以让车轻松达到200千米/时的极速。然而，和许多英国摩托车一样它也存在很多短板，如价格昂贵、并不总是精致的装配、漏油和振动。这些几年前基本可以接受的缺点现在是不可原谅的，这说明公众对生产质量标准的预期要比之前高得多。

162~163页图：BSA Rocket 3被许多人认为是最后一个伟大的英国摩托车。不幸的是，它高价格和高性能导致了销售受众有限，仅仅生产了约6000台。

166 页图：CB 750 量产开始于 1968 年，持续了两年多时间，在此期间销售了约 50 万台。

在摩托车的历史上，很少有什么车型比本田 CB 750 Four 更重要了。这个来自日本的制造商由本田宗一郎创立，在 20 世纪 70 年代初期推出了这款摩托车，凭借其先进的技术、设计和性能，在竞争中脱颖而出，并为那些想要生产大型摩托车的人设定了新的标准。在 1968 年的东京车展上，本田 CB 750 首次亮相。它搭载了优秀的直列四缸发动机，能够提供 67 马力，配备前盘式制动器和电起动装置。爱好者们迎来了现代摩托车的时代。这款运动摩托车有 750 毫升的排量，四个气缸令人印象深刻，盘式制动器代表了如何把在汽车领域已经充分验证的技术带到摩托车领域，这是应该而且必要的。电起动装置也让摩托车变得更加舒适。如果这一切还不够，在以极具竞争力的价格（385 000 日元）购买之后，你还会发现：跑得快（大约 200 千米/时）的发动机没有多余振动、车身灵活、不漏油，也不需要太多的照顾。总的来说，这是许多人所期望的那种摩托车：时刻准备着满足你的需求，而自己一无所求。谁还能要求更多呢？

在战后时期，本田宗一郎创建了一个小型公司，将战争遗留下来的两冲程发动机安装在自行车上。下一步他开始制造自己的发动机，于是 20 世纪 40 年代末本田

167页图：与传统的英国双缸发动机相比，四缸顶置凸轮轴发动机要宽得多。尽管有一个电起动装置，但它仍然以踏板起动器为特色。

诞生了。随着对轻型摩托车需求的增长，本田也在同步壮大，开始生产自己的第一辆摩托车，很快便成为日本摩托车工业的领头者。但对宗一郎来说，这还不够。之后他进入了竞争激烈的赛车世界，最终本田也在这一领域取得了成功。125毫升的双缸、250毫升和500毫升的四缸，本田很快成为不可战胜的传奇。而且，随着胜利的到来，广告效应也随之而来。然而，比赛很烧钱，在战无不胜之后，1967年本田官方退出了赛事。自从它成立以来，已经生产了一千万辆摩托车，堪称一个强大的工业帝国。然而，它还是缺少一辆能够与国际市场上最好的车型竞争的大型摩托车。这个项目得到了本田-美国的经理中岛善也的批准，他深知进入大排量摩托车领域的重要性。1968年年初，日本技术人员由原田義郎领导，他是20世纪60年代早期的车身框架专家和赛事团队的主管，还有作为发动机运营经理的白仓克加盟。在夏天就看到了结果，第一款原型车开始进入测试，计划在当年的10月25日官方发布。正是这一年，迎来了日本入侵的时代，永远改变了摩托车世界。

1969年
川崎 MACH III H1 500

两冲程、三缸、500毫升排量，川崎在1969年推出的这款摩托车几乎是对常识的挑战。当所有主流摩托车制造商正在朝着新的750毫升的排量边界迈进，接管曾经650毫升的排量极限时，川崎搅乱了这个行业的牌局，从帽子里抽出了一张500毫升的牌——在20世纪五六十年代，这个产生过很多传奇的排量被人们忽视。两冲程（通常安装在轻型摩托车上）、三缸将迎来大发展。外人很难理解这些困难而奇怪的选择，而这种创新的来源也并非庞大的美国市场。这个不寻常之处并非没有被注意到，当时川崎正需要建立自己的地位，另辟蹊径，以出人头地。事实上，川崎是最后一个加入战场的日本制造商，它的历史非常近，至少作为一个摩托制造商而言，历史仅仅从20世纪60年代开始。最初生产轻型的街车和越野摩托车，之后根据市场的潜力和需求，以H1为开始制造更大的摩托车型。美国行业研究的专家观点显示，有必要制造一款摩托车，在红灯前加速能够吓倒大而笨重的双缸摩托车。因此，需要一台两冲程发动机，该发动机必须轻便、简单、制造精良，至少可以产生60马力。三缸，因为两个缸还不够，而且双缸过于无趣，川崎必须不惜一切代价避免无趣。此外，为了增强加速性，最好能够有让前轮离地的翘头倾向，可以考虑，但可能有点超越理性的挑战。综上，一款令人生畏的摩托车由此诞生，时至今日仍是很多人梦寐以求的——Mach Ⅲ H1 500。设计追求真正的运动，即便它为美国市场配备了高车把的设计（尽管这个设计最终被为欧洲设计的低把手形式所取代）。底盘前部看起来轻盈到几乎纤弱。中部和后部设计合理，比例匀称。发动机很有吸引力，两冲程、三缸、15度倾斜（巧合的是，居然有和BSA的Rocket 3车型同样的气缸数量、同样的倾斜角度）。在8000转/分时输出最大功率60马力，在7000转/分时输出最大转矩56牛·米，这些数据令人着迷。它的重量达到惊人的175千克，极速约200千米/时，加速度数值更是令人震惊：从静止到400米的终点只需要12.4秒。

在这一点上，摩托爱好者形成了两个不同的派别。一面是粉丝们赞扬它的力量、加速度、轻盈、五速变速器、能轻松翘头、两冲程三缸发出的声浪让人心潮澎湃；另一面是那些因为缺点而贬低它的人，而且同样人数众多。发动机在低转速时难以控制，而在高速时道路稳定性差，与其说归因于车身框架，不如说归因于纤弱松旷的悬架（尤其是前叉）。而且，前底盘有意地轻量化，妨碍了高速稳定性；尽管发动机动力非常充足，但制动很弱。它还经常冒黑烟，又很费油。除了所有这些缺点外，在之后的几年里它一直屹立在起跑线上，迎接其他对手的挑战。

170~171 页 图：在1973 年，川崎 Mach III 500 改变了它的外观，之前的油箱被隐藏起来，侧面板经过重新设计，座位变得更宽，尾部颜色与车身相呼应。

171 页上图：后视图能看到两侧突出的发动机油底壳。

1969年
MV AGUSTA 750 SPORT

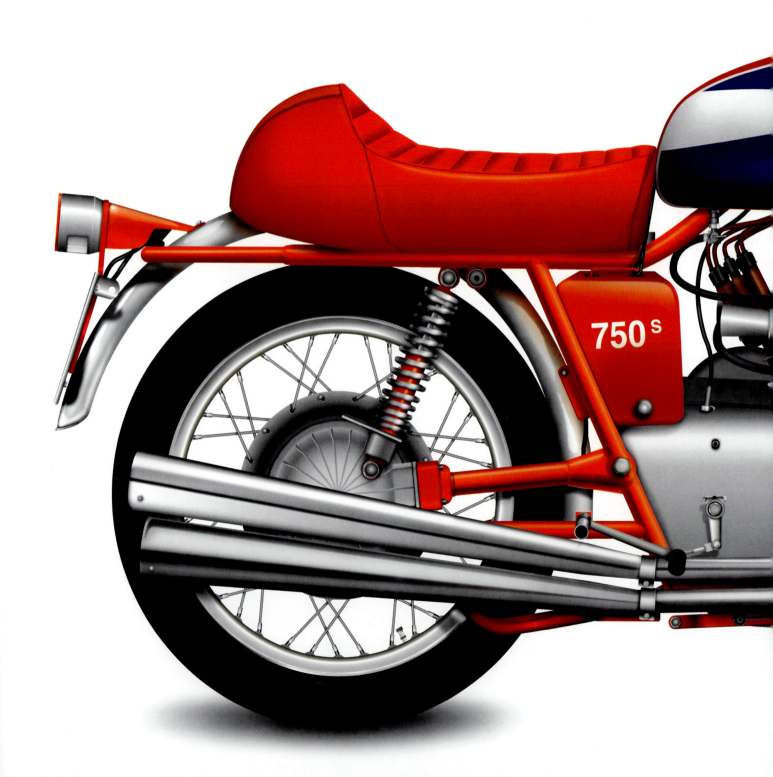

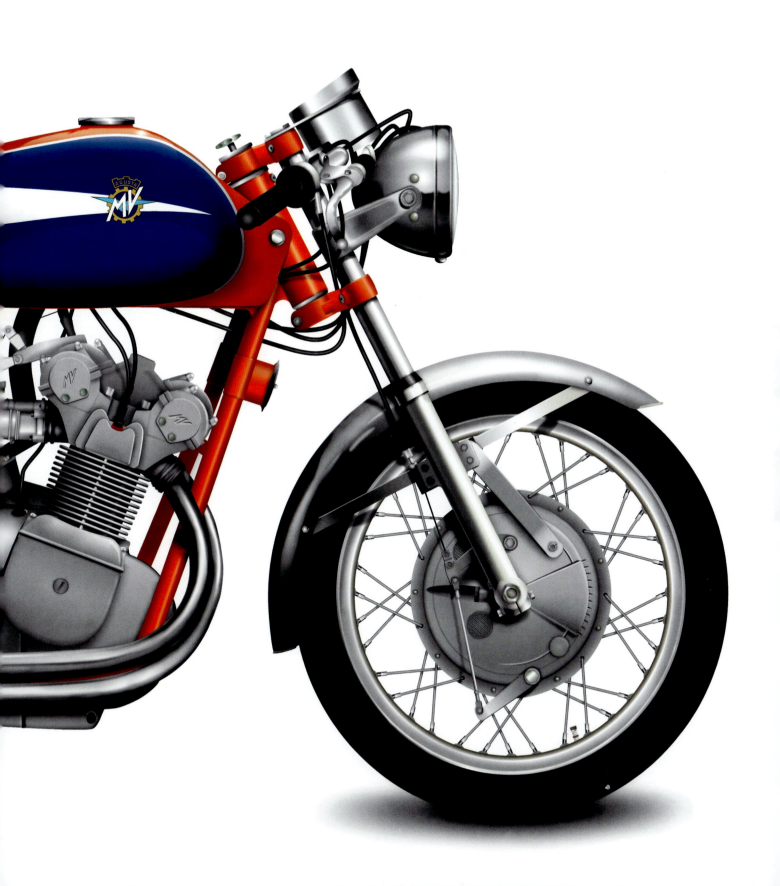

有两个要素使这款强大的四缸摩托车卓然不群：首先，它来自历史上独一无二的品牌；其次，由它衍生出的赛车多年来在世界赛场上赫赫有名。让我们从历史开始讲起。MV Agusta 的起源与许多其他摩托车制造商类似。1907 年，乔瓦尼·阿古斯塔（Giovanni Agusta）创办了 Società Costruzioni Aeronautiche○。在第二次世界大战之后，发展生产的需求从之前精英主义的少量高端市场，转向更大众化的市场领域。于是该公司选择了摩托车作为新的方向，1945 年 Meccanica Verghera 公司诞生○。这个重要而有前途的项目由乔瓦尼的儿子多米尼克（Domenico）负责。因为有这样的历史，轻型摩托车的生产当然必须是高质量的，毕竟工作人员和管理层都已经习惯为航空工业工作。飞机上用的材料必须是精确的，公差必须控制在很小的范围。就像其他制造商一样，多米尼克伯爵同样被速度所吸引，他看到参加比赛并获胜是宣传品牌极好的手段，并能促进产品的销量。从这个角度出发，MV Agusta 开始在比赛中获胜，而且是如此成功，成为获得世界级别冠军头衔最多的厂商。这些胜利包括 TT 大赛（Tourist Trophy）、世界制造商冠军（World Constructors' Championship）、世界车手冠军（World Drivers' Championship），以及欧洲和意大利的无数赛事胜利。为 MV 的传奇贡献过力量的著名车手包括 Giacomo Agostini、Carlo Bandirola、Angelo Bergamonti、Gianfranco Bonera、Leslie Graham、Mike Hailwood、Gary Hocking、Bill Lomas、Umberto Masetti、Alberto Pagani、Tarquinio Provini、Phil Read、John Surtees、Carlo Ubbiali 和 Remo Venturi。

这些胜利也影响了公司的产品，特别是影响着它令人惊讶的 750 Sport 搭载直列四缸发动机，这款发动机的诞生源自于多米尼克主导下的赛车时代，并在"国际摩托车大奖赛（Grand Prix）"500 毫升组发布。发动机的研发要感谢彼得罗·雷默（Pietro Remor）的聪明才智，他之前曾任 Gilera（意大利摩托车品牌）的工程师，负责研发该品牌传奇的四缸发动机。而公众一直要等到 1965 年才能购买搭载这款发动机的摩托车型——MV 600（限量版）投入生产。但是，这款摩托车并不是特别成功。爱好者期待一辆真正的运动型摩托车，更接近传奇的 GP 摩托赛车。之后在 1969 年 11 月的米兰车展上，MV 带来了强劲的 750 Sport 车型。大型直列四缸、20 度倾斜的发动机带有两个顶置凸轮轴，排量增加到 743 毫升，在 7900 转/分时能产生最大 70 马力，这足以推动整车，尽管其重量高达 230 千克。万向节轴传动是这款昂贵的大型摩托车上唯一的瑕疵，但本身有些缺乏魅力的本田 750F 相持不下。这种传动形式并不是一个偏向运动的解决方案。多米尼克的想法是把市场上出售的摩托车与专门为赛事而设计的官方摩托赛车分隔开，为了阻止私人车手购买 750 Sport 并将之改装为赛车的奇怪想法。

轴传动的选择，再加上量产版和 GP 摩托赛车并不完全相同的底盘结构，倒是给了有创造力的调校师释放创意的空间：全新的底盘、油箱、更运动和现代的侧踏板和尾部，还增强了发动机，尤其是改成链传动。因此，MV 赛车部门的运动总监阿瑟·马格尼（Arthur Magni）制作过华丽的特别版。还有马西莫·坦布里尼（Massimo Tamburini）、塞戈尼兄弟（Segoni brothers）、佛朗哥（Franco）和马里奥·罗西（Mario Rossi），以及德国 MV 进口商迈克尔·汉森（Michael Hansen）都制作过特别版车型。

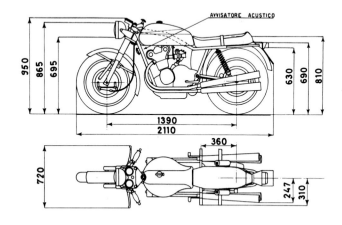

174 页图：在 MV 为其 750 毫升四缸摩托车提交给意大利交通部的众多上报申请书中的一份。这是 1973 年的版本。

175 页图：贾科莫·阿戈斯蒂尼（Giacomo Agostini）在蒙扎赛道上骑着 MV 赛车。他从 1965 年到 1974 年为 MV 赛队效力。

○ 一家制造飞机的公司。——译者注
○ MV Agusta 中 MV 的全称。——译者注

1970—1989年

20世纪70年代,优秀的摩托车都显得有特点,
欧洲制造商尝试努力遏制日本人的入侵,并且一直在继续。
20世纪80年代是塑料和电子系统的盛会。

无数书籍都赞美了 20 世纪 70 年代的摩托车，几乎这个年代的全部摩托车爱好者都为之着迷。事实上，这十年中降生的车型，直到今天仍然受粉丝和收藏家的追捧，有的人想每天使用它们，有的人只是单纯地展示它们。对于摩托车制造商来说，这不是一个容易的时期。首先，他们不得不面对汽车行业，由于价格实惠、实用性高的汽车出现，使得摩托车行业陷入危机。因此，销售摩托车就需要对市场进行更多划分。既要开发轻骑摩托也要提供大型摩托，以便能吸引那些到月底还有闲钱的人。而且这样的人不必在摩托车和汽车之间做选择，更有可能会同时拥有两者。就这些也不够，逐渐地，那些创造摩托车历史的制造商消失了。名字已经成为传说，相关联的一代骑士英雄也离开了。BMW、Laverda、KTM、Moto Guzzi、Moto Morini、杜卡迪、哈雷戴维森、Bultaco 和 Ossae Montesa 都是幸存者，现在有新的巨人加入——本田、川崎、雅马哈和铃木。毫无疑问，日本人要实施技术发展，也不被生产困难所吓倒。他们非常仔细地研究了市场，并开始推出性能稳定、出色、只需少量维护，且具有创新功能的车型。多年前的多缸发动机是不可想象的，现在每个人都能触及。这保证了小到轻骑，大到重型机车都有十足的可靠性。漏油和故障不断已经成为过去，只存在记忆中。因此，他们征服了市场，同时这个市场还在不断发展，塑料和电子元件越来越多。为了达到极高的速度，水冷变得几乎是强制性的，正如整流罩的出现一样。同时，为了获得令人满意的制动距离，鼓式制动器被放弃，改为盘式。这么做的结果就是为了得到一台高性能机器，不会在设计和舒适上进行任何妥协。

第一批使用电子燃油喷射的两冲程和四冲程发动机到来（比亚乔维斯帕 125 和川崎 GPZ1100i）。在汽车行业的领导下，一些摩托车制造商开始使用涡轮增压技术。这似乎是一个显著的发展趋势：中等排量、轻便、易控制的摩托车，以及大型的高性能摩托。第一个尝试的是本田 CX500，然后是铃木 XN85，雅马哈 KJ650 和川崎 GPZ 750。

意大利也在进行同样的事情，Moro Morini 用传奇的 V 型发动机制造了一款摩托车，由 Franco Lambertini 设计。事情有些不尽如人意。涡轮有些倔，带有明显的响应滞后（涡轮迟滞），有时甚至变得很危险。而且，涡轮不可避免地使摩托车变得沉重，重量几乎与更大的 1000 毫升机器相同。涡轮也更昂贵，因为它们需要有更多先进的制造设备。它们没有市场，销售开始淡化。回到经典、传统被认为是一个更好的选择，摩托车需要动力性、非常强的动力，还要易于操控。排量越加越多，涡轮被彻底放弃，开始走向单缸四气门式设计。两冲程发动机继续在较小排量车型中占据主导地位，还增加了簧片阀门和排气门，以及固定式的化油器。这并不是一个完全的创新，因为早在东欧一些轻型摩托车就使用了。此外，带有手动泵的化油器现在已经成为过去的一部分。

177 页图：年轻的理查德·基尔（Richard Cere）在泰勒·哈克福德（Taylor Hackford）1981 年导演的一部电影中扮演一位军官，正坐在一辆凯旋上。

178 页图：20 世纪 70 年代，在这张照片里，约旦国王侯赛因（Hussein）和他的两个女儿 Zein 和 Aich 一起坐在日本的本田摩托车上。

179 页图：许多电影中都有著名演员骑摩托车的场景，这里展示的是 1970 年电影《风暴狂潮（R.P.M）》中安东尼·奎恩（Anthony Quinn）和安·玛格丽特（Ann-Margret）坐在一辆凯旋上。

1970年
NORTON COMMANDO PR 750

轻量化、纤细、具有空气动力性的黄色玻璃纤维车身，远远望去，Commando PR 今天仍然是一个梦想车型，一个被爱慕的美丽对象，而不仅仅是用来骑的。

它于 1970 年首次亮相，散发着典型的英国魅力。这款车的真正意义在于它车名中的"PR"，意为"Production Racer"（赛车手产品），清楚地注明了这是一款为比赛而生的车型。考虑到这家英国制造商的历史也不会有其他目的。这家公司由詹姆斯·诺顿（James Norton）于 20 世纪初建立，并且他自己经常在赛车比赛中脱颖而出。诺顿早期生产自行车零件，并朝着生产梦想之车发展。不久之后他便风靡全世界，不仅是因为自己的光芒和魅力，还有他在赛道上夺得的那些胜利。在 20 世纪 30 年代和 40 年代，国际上主要都是他们的赛车，之后几年转变为更优秀的 Manx 车型。但是，在 20 世纪 60 年代，市场开始发生变化，为了跟上形势改变势在必行。几十年来一直处于世界前列的英国摩托车，第一次显示出年龄和审美疲劳的问题。

在 Commando 诞生的那一刻，一辆摩托车改变了诺顿的未来和公司的现状。集团董事长丹尼斯·鲍尔（Dennis Bauer）成立的这个项目，项目经理是新聘的工程师 Stefan Bauer，具体工作由伯纳德·胡珀（Bernard Hooper）和鲍勃·特里（Bob Trig）负责。前者是技术娴熟的技术员，后者是设计师。经过几个月的紧张工作，Commando 终于准备好了。当它在 1967 年的伦敦车展上亮相时，内部人士和爱好者都惊呆了。当然也有很多怀疑和各种困惑都围绕着这辆摩托车。它的设计被许多人认为太冒险、太未来主义。也有人认为座椅后方的玻璃纤维车尾部分不够经典。鉴于公司经济上处于不利时期，没有钱创造一个全新的东西，因此只有车架和车身是全新的。发动机使用的现有产品，经典的 Atlas 双缸机，长行程（89 毫米 ×77 毫米，行程 × 缸径）和常规的 360 度夹角曲轴。为了保持低重心，使用了 20 度倾斜的气缸。另外，缸盖、活塞凸轮轴和原来的机型都不一样。

另一个关于这辆摩托车引起激烈讨论的功能是 Lsolastic 系统。该系统本质为使用了无声曲轴箱的发动机固定在车架上，令曲轴精准平衡，因此并线双缸发动机那众所周知的典型振动成为过去。

一旦怀疑被克服，车辆开始测试，订单就开始滚动上升。对那些性能车迷提出需求，希望已经很动力充沛的双缸发动机再提升点动力。制造商满足了这个要求，为战斗版本（Combat Version）的发动机提供了完整扩充装备。但是失败了，往往会过早导致发动机损坏。

1970 年是一个转折点：没有更多的套件和选装配置。诺顿决定直接销售为超级摩托大奖赛制造的限量版车型。这些都是真正的赛车机器，完美的调整，自己的照明系统和许可车牌，它们使整个行业都感到烦恼。

182 页图：出色的布局、时髦的发动机，以及赛车的魅力，这些成就了诺顿 PR 的成功。只限量生产了几百辆，变速器只有 4 档。

183 页图：PR 的赛车精神从宽大的整流罩显现出来，配合低把手和车尾以及后掀的脚蹬完美地保护着车手。

1971年
KTM 175 GS

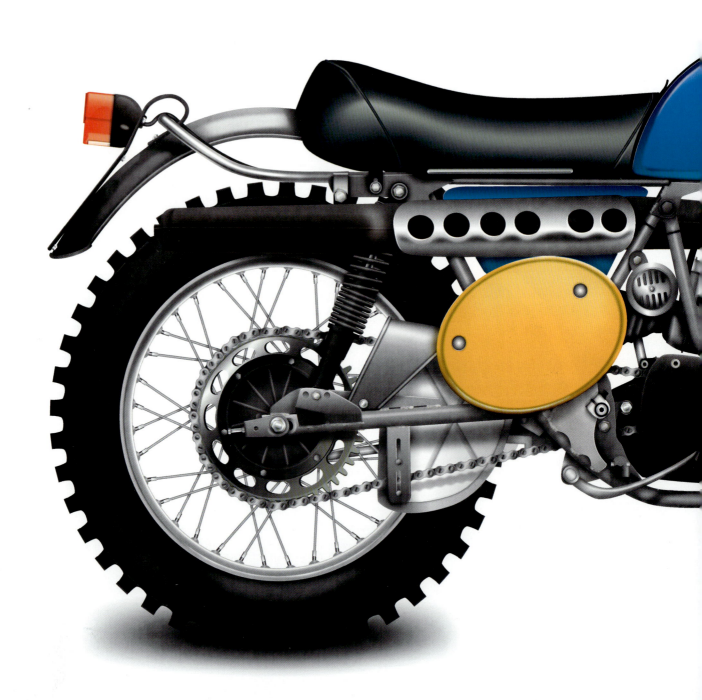

越野女王。那些钟爱大轮胎、泥浆、混合赛道和跳跃驾驶的人，迟早都会梦想拥有一辆KTM在他们的车库里。真实的越野世界，这是迷人的摩托车比赛级别里最典型的象征。GS是在20世纪70年代初创造了历史的一辆摩托车，当时最后的四冲程摩托车，如Gilera 175 Rego-larita Competizione Moto 和 Morini Corsaro Regolarita 165仍活跃于比赛中。KTM由Kronreif(人名克朗列夫)、Trunkenpolz（人名特鲁肯波尔兹）和Mattinghofen（地名马迪霍芬）三个词的首字母组成。

这种合作关系可以追溯到1955年，当时已经拥有一家机械加工厂的汉斯·特鲁肯波尔兹（Hans Trunkenpolz）会见了恩斯特·克朗列夫（Ernst Kronreif）。这两个人因共同的热情聚集在一起，决定在奥地利的马迪霍芬（Mattinghofen）村庄开始生产摩托车。考虑到参加比赛将是一个非常好的广告投入，他们马上开始开发轻型摩托车，意图用于越野比赛。在不到十年的时间里，这家奥地利公司开始炫

186页上图：每个部件都是专门为越野而建造的。出于这个原因，即使没有特殊的赛车规格，KTM 175也能立即展现出自己的竞争力。

186页下图：第一台越野KTM配备了由制造商自己制造的175毫升发动机。两冲程（短冲程）式设计能够在8300转/分时产生24马力，动力大、灵活且硬朗。

耀自己的车队和名字，他们在国内和欧洲其他地方都赢得了越来越多的声誉。

1967年是KTM的另一个转折点，使KTM在海外成名。美国著名越野摩托车手、摩托车进口商约翰·彭顿（John Penton），当他看到这些跑起来的小型KTM时便坠入爱河，他先于其他人了解了这些奥地利摩托车的秘密，它们就是为了越野而制造的，因此它们强大、坚固，也易于操控。不需要太强的动力，发动机只需要小排量，再加上轻巧的结构和适当的悬架。

187页：1972年在捷克斯洛伐克举办的第47届国际6日越野耐力赛（International Six Days Trial）上，US Trophy车队车手卡尔·克兰克（Carl Cranke）和比尔·乌特（Bill Uht）正驾驶着他们的Penton准备起飞。

1971年
LAVERDA SFC 750

190~191 页 图：SFC 的第一个原型车，只适合普通骑行，铝制油箱。当它正式上市出售时，油箱是玻璃纤维材质的，和前整流罩、车尾一样。

威风带有肌肉感,"强硬"的驾驶风格,却又快速稳定,令人渴望。很难预测这款橙色摩托车的成功,但是Laverda 750 SFC从未让人失望过,今天和过去一样,在精英爱好者的世界里拥有固定的一席之地。这款车只生产了不到600辆,和诺顿Commando PR一样孤独。它是世界上被模仿和复刻最多的摩托车之一,因此找到一辆真正的SFC并不容易。与其说SFC本身,不如说是弗朗西斯科·拉韦尔达(Francesco Laverda)将这台机器从意大利维内托带给广大爱好者。他的家族企业是生产农业机械的,但是在第二次世界大战后初期,弗朗西斯科决定通过设计和制造轻型摩托车来为国家的复苏做出贡献。第一个作品是75毫升的四冲车型,非常坚固,在油耗上特别节俭。在米兰-塔兰托、Giro d'Italia和其他Gran Fondo(长途)比赛中,这些在Breganze建造的、几乎不为人知的小型轻量级车开始脱颖而出。多年后,大排量车型也出现了,弗朗西斯科的两个儿子马西莫(Massimo)和皮耶罗·拉维达(Piero Laverda)也成为管理层的一部分。20世纪50年代成功之后,市场处于危机之中。Breganze在寻找新的方向,如生产轻便摩托车和踏板车。不过,再次获得成功还是因为在马西莫的指导下,投入开发大排量发动机打入美国市场后。于是,第一个大排量Laverda诞生了,首先是650毫升,然后是750毫升。对于小公司来说这是个很大的举动,并且也测试了优秀的技术总监卢西亚诺·禅(Luciano Zen)的能力。Laverda车型的最大特点在于发动机,四冲程并列双缸,25度前倾角度,短冲程,分体式车架。这种摩托被称为GT(Gran Turismo),意为"可长距离行驶的高性能车"。这种长距离、耐力和速度的竞技激情,已经深入到第二代Laverda的血液之中。在意大利,为了参赛而改型的摩托车越来越多。于是,在1971年的米兰车展上展出了750 SFC (Super Freni Competizione 超级制动比赛)。Laverda被认为是摩托车的精英,针对的是一些要求苛刻、不愿意购买日本摩托车,同时也厌倦了英国车型的贵族,SF就是针对这种消费者。而SFC则针对那些要求越来越苛刻,寻找超高性能摩托的爱好者。SFC能够完成从一个站点到另一个站点间的长距离竞速,更重要的是能在赛道上跑耐力赛。这些标准由托斯卡纳骑手奥古斯托·布雷托尼(Augusto Brettoni)写下,这款750 SFC并没有妥协,全部达标。这款车很长、丰满,车头前罩与油箱尾部结合相对符合空气动力学设计,只有通过在公共道路上使用强制性车灯和车牌才能软化这辆车的形象。它基本上是一辆赛车,很难达到自身极限。但也提供了可靠性、速度和许多竞争对手所不知道的稳定性。拥有这些高品质意味着它经常在登上Oss 24小时耐力赛(荷兰)、巴塞罗那、勒芒的波尔多,蒙扎500千米耐力赛和瓦莱伦加等赛事的领奖台。SFC的生产持续到1976年,像其他任何一辆出色赛车一样,经历多次车架与发动机的升级,都从未改变它的原始开发目标。

1971年
MOTO GUZZI V7 750 SPORT

194 页图：在火红色的车身、浅绿色的油箱和侧面板之间显现出不寻常的色彩效果。这个配色只出现在制造商体验部门的第一批 150 辆车上。

195 页图：摩托车的不同特点在于高度可调的车把。较低的位置更运动；较高的位置在长途驾驶时更易于操控。

在之后的车型上，全部采用运动型 90 度夹角 V 型双缸发动机，这标志着从 20 世纪 70 年代至今 Mandello 制造商的历史。从 V7 Sport 开始，它是第一款，后面还有 S、S3，以及许多为了勒芒开发的车型，再到千禧年的 V11 Sport。在许多方面都有初代车型重生的感觉，至少从颜色来看是这样。V7 Sport 是独一无二的，甚至从它的颜色来看。1969 年，在蒙扎赛道上萌生了制造运动摩托车的想法。Moto Guzzi 想要打破纪录，于是从 V7 Touring 开发一款新车，搭载由 Giulio Cesare Carcano 设计的新款双缸发动机。感谢 Silvano Bertarelli、Vittorio Brambilla、Guido Mandracci、Alberto Pagani 等车手，结果非常好，因此开发一款运动版 V7 的想法便出现了。事实上，除了杰出的技术员尼诺·托蒂（Lino Tonti）之外，Moto Guzzi 的总经理罗莫洛·德·斯特凡尼（Romolo de Stefani）总是在赛道上。鉴于新的双缸机安装在巡航车车架中备受赞赏，德·斯蒂芬尼鼓励托蒂开发一款新车型。这款摩托车的车速必须达到 200 千米/时，重量最多不能超过 200 千克，拥有五速变速器。托蒂满怀热情地开始了这个项目的工作，但工厂内不断的罢工和紧张局势，使他很快就遇到了问题。因此，他决定在自己家里完成这个项目，经常和他的朋友 Alcide Biotti 一起通宵工作。发动机得到了改进和提升，但最重要的是这两个人创造了一个不可思议的双闭合框架。

一个真正的杰作。第一批 150 台 V7 Sport 车型由 Reparto Esperienze（研究中心）直接组装。而为了凸显那个特别的车架，还专门涂装成了红色。

1972年
铃木 GT 750

如果说可以算个错误的话，这个错误便是创造了一个大的两冲程发动机。这有别于原来脾气暴躁和动力过剩的特点。换句话说，一辆运动跑车，像巡航车一样柔软温顺。但公众并不怎么赞赏，剩下的就是一系列成功了：一个独特的两冲程三缸发动机、水冷、精致的细节和高品质的材料。在1972年上市的时候，铃木GT 750轰动一时。由于自20世纪50年代以来一直在生产的小排量车型，浜松制造商在铃木俊三的指导下，试图进入大中型摩托车行业。在60年代，铃木已经用小型两冲车在竞赛中形成了良好的声誉，但这还不够。接着，铃木在参赛前，宣布进入世界越野摩托车领域，但是它的大型摩托车却落后于其他日本巨头。他们从泰坦（Titan）起步，一个两冲程双缸500毫升的摩托车，相当成功。后来他们在1970年的东京车展上展示了GT 750。这与通常的车型有所不同，GT 750是一个值得选择的新车型。铃木创造了一款精致的车型——大量的镀铬、经典的车架和同级别里比较独特的发动机。事实上，这是一款带有自动润滑功能的两冲程水冷发动机。两冲程发动机拥有公司20年经验积累下来的优势，三缸发动机为了比赛与之做出差别。通过水冷来改善中缸的冷却效果，同时降低发动机宽度（没有了风冷散热鳍片）使发动机更加安静，并且最后同时也是最重要的，它与市场上的其他摩托车区分开来了。

许多人认为GT 750只是一个原型车，无法想象这样一个复杂且不寻常的摩托车可以量产。但是，在1972年它被投放到市场上。然而，对于它的真正定位，无论是报纸上所说的真正的运动跑车，还是一辆巡航车，它的排量都清楚地标在字母缩写GT之后。它的风格是优雅的，最大的关注点是色彩组合的选择。虽然发动机是三缸，但是它有四个排气管：中缸中间有一根排气管，延伸到发动机下方后分成左右两根。然后，在发动机左右还各有一根排气管。这个解决方案是有要求的，必须保证左右平衡和高雅。

这款铃木有一个令人印象深刻的身形，在道路上很灵活，非常适合中远程的长途骑行。该发动机在6500转/分时可以产生67马力，与现代四冲程发动机有相同的排量和相同的动力，但它操控起来温顺，从不过于狂野。它是一个坚固、精致、独特的机器。对于这款车唯一真正严重的批评是平均油耗比较高，使很多骑手望而却步。尽管发动机具有潜力，但之后出台的排放法规、日益高涨的汽油价格以及摩托车的性质，导致GT 750的生产仅仅几年之后就结束了。铃木转而研发四冲程、更独特，但更适合大型摩托车的发动机。

198~199 页图：最显著的地方是巡航车设计。铃木 GT 750 是一个优秀的道路吞噬者，它振动小，唯一的不足之处就是油耗太高。

1972年
凯旋 X75 HURRICANE

一个基于运动性,有着完美设计的定制摩托车,纯粹为了乐趣和被崇拜而推出的特殊限量版本。大胆且不寻常的Hurricane,由凯旋为美国市场推出的一款车型,生产了不到一年时间。该项目的想法违背了许多人的期望,创意不是来自英国,而是由美国BSA副总裁丹·布朗(Don Brown)提出的。伯明翰制造商在刚开始销售全新BSA Rocket 3时,从美学角度说并没有完全说服布朗,布朗认为它太大太重了。他把自己的意见告诉了英国管理层,并相信美国市场需要不同的东西,可以更好地满足美国富人的欲望。他决定在Rocket 3的基础上秘密地做一个新设计。这个项目应该分配给?在美国分部的销售经理哈里·卓别林(Harry Chaplin)的建议下,他联系了来自伊利诺伊州的年轻设计师克雷格·维特(Craig Vetter),他热衷于摩托车,并已经设计了两款以铃木Titan和凯旋Bonneville为基础的特别产品。两个人志趣相投,会议后几天维特便开始布置这个项目,结果便是Hurricane这个杰作的诞生。考虑到最终的结果,布朗决定向最高管理层展示摩托车。BSA美国分公司总裁彼得·桑顿(Peter Thornton)觉得不错。英国方面也表示赞同,尤其是埃里克·特纳(Eric Turner),他决定把它投入生产。在投放市场之后,经过几个系列的演变,菲尼克斯·卡林斯基Cfelix Kalinski,与桑顿一样,美国BSA总裁)说道,摩托车被命名为X75 Hurricane,并被冠以"凯旋"(Triumph)品牌。

202~203页图:这款摩托车的线条很有特点,有很长的前叉和泪滴状的油箱,并与细长的侧板相结合。颜色也非同寻常,有橙红相间的黄色反光条。

203页上图:克雷格·维特在20世纪70年代初设计的摩托车X75 Hurricanes前。

1973年
杜卡迪 750 SS

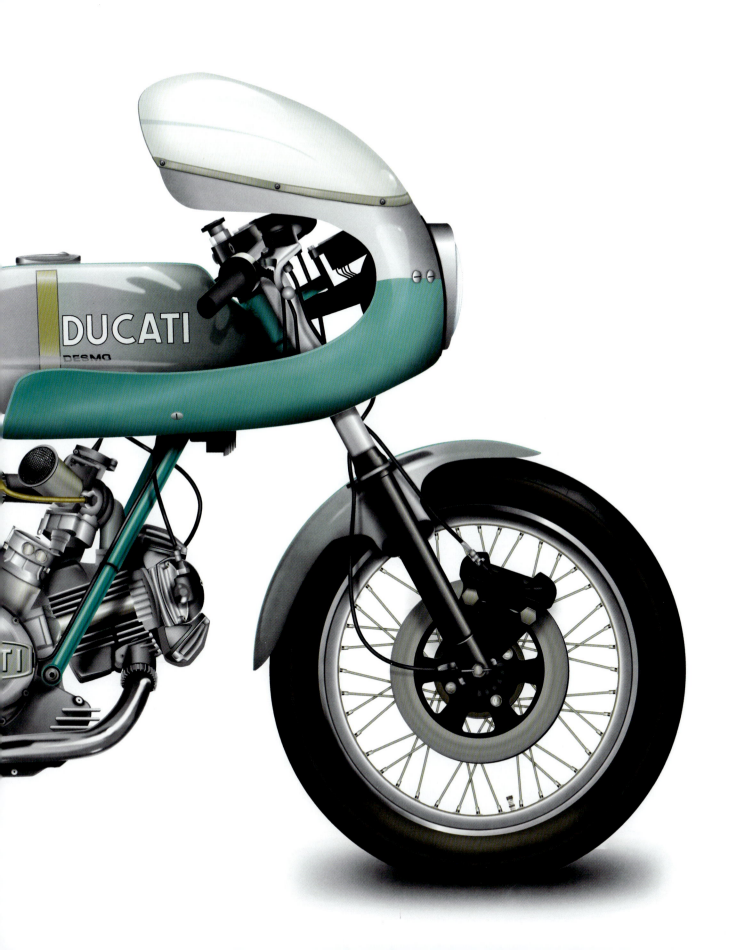

在1972年伊莫拉举办的200英里耐力赛上，保罗·斯马特（Paul Smart）赢得了冠军，布鲁诺·斯皮亚吉亚里（Bruno Spiaggiari）排在第二位。帮他们赢得比赛的摩托车是全新的杜卡迪750。这一胜利深深地影响了杜卡迪的命运，促使它能够进入大型摩托车行业。法比奥·泰格里奥尼（Fabio Taglioni）设计的90度V型双缸发动机令人难忘，直至今日还依旧保持着这个特点。如果这还不够，还有另外一个特点。著名的连控轨道气门控制系统（desmodromic），使来自Borgo Panigale的摩托车显得独一无二。该系统利用带有杠杆的凸轮来控制气门的开闭，使得发动机达到非常高的转速，并且不会产生气门浮动等问题。再让我们回到那场胜利，促使了很多摩托车爱好者希望能够拥有和两位英雄相似的摩托车。杜卡迪没有浪费时间，在次年春天，于都灵发布了750 SS（Spuer Sport"超级运动"）。这几乎是保罗·斯玛特坐骑的完整复制品：相同的颜色、相同的车架、相同的发动机，仅仅对整流罩做了少量延伸，装备上路必需的前照灯、车牌支架和两个消声排气管。一旦骑乘上去，整辆摩托车都充满了惊喜。750 SS非常快速和稳定，就像在赛道上飞驰一样。这款车的亮点在于双缸发动机，在整体性能上都有令人难以置信的实力：在低转速下动力浑厚且温顺，一旦油门打开就显示出它傲人的肌肉，并且由于Desmodromic气门系统可以进行高速冲刺，消除了高转速对发动机的危害。这是民用版本，还有随时可以进行比赛的"改装产品"，这要感谢杜卡迪提供了一系列套件：包括高角度凸轮轴、机油散热器、直通排气管和各种齿轮等附属零件。所有的一切都是为了"Race Ready"（时刻为比赛准备着）。

206~207页图:非常规配色方案是保罗·斯马特坐骑的重要组成部分。车架结构是由纤维级材料制成的,油箱则提供了一种透明刻度来检查燃料消耗量。

207页上图和右图:几乎不需要怎么改装高性能的杜卡迪750 SS就能成为一辆无敌的赛车。后视图突出了两个排气管非同寻常的布置。

1973年
宝马 R90S

只有少数摩托车会因其高性能、可靠性、舒适性、静谧性和优雅性与劳斯莱斯的舒适、豪华相比较。1973年推出的宝马R90S就是其中之一。

这是一款贵族车型：优雅、完美无瑕，使用水平对置发动机，第一款车型便有900毫升的排量，有着安静、灵活、坚固、运动的特质。对于像宝马这样传统的公司来说，所有的东西都是不寻常的。

1973年对慕尼黑制造商来说是非常重要的，主要有三个原因：首先，因为它正在庆祝第50万辆摩托车下线。其次，宝马意识到时代正在发生变化，决定用90系列车型（按照传统数字代表排量）来追求近乎公升级排量的大型摩托车。最后一个原因是Helmut Dahne和Gary Green在秋季勒芒的Bol d'Or耐力赛中位列第三。随着这三件重要的事件，大型运动摩托车R90S上市，可以算是当时同级别车型中最好的。

另外，宝马也提供基础版巡航车R90/6可供选择，但是S版的Tourist Trophy灰色和Daytona橙色要更受关注。Dellorto化油器取代了传统的Bing化油器，还有充足的前罩保护骑手。

它只需简单少量的调整提升就是一个不折不扣的道路杀手，有着出色的骑乘坐姿，令人满意的驾驶感。前罩有着标准的切割空气造型，能够有不错的操控。巡航速度约为200千米/时。即使在数百千米之后，骑手也能轻松地从摩托车上下来。

无法比拟的宝马　　纯粹的骑乘乐趣

210 页图：无法比拟——正如宝马广告中所述。这个传奇的德国摩托车被许多其他制造商模仿，但结果都不佳。

211 页上图：发动机是著名的 900 毫升双缸机，配有意大利的 Dellorto 化油器。

211 页下图：从 1973 年销售到 1976 年，这辆来自慕尼黑的摩托车拥有两个前盘式制动器，在 7000 转/分时可以发挥公制马力（对 R90/6 是的公制马力）和最大速度约 200 千米/时。

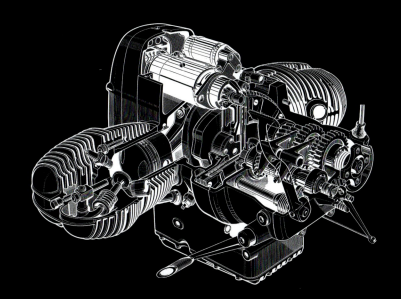

1974年
本田 金翼 GL 1000

想在摩托车行业取得巨大成功，有时需要夸大的能力，提供一些真正大胆的，甚至有点过分的东西。如果目标市场是受到哈雷戴维森巨大影响的美国，情况尤其如此。

日本制造商首先观察并追踪了欧洲和美国著名品牌的演变，然后他们开始发展他们自己的车型，等同于甚至超越竞争对手。

CB 750F 的成功，让 20 世纪 70 年代初所有的主要摩托制造商都黯然失色，本田公司的管理层决定，现在是开发 1000S 的时候了。要求苛刻的发动机尺寸，但因为入交昭一郎对工程师的指导，所以能够在这个新的挑战中脱颖而出。夸张似乎是这个项目的关键词，要开始研究和实验一个近 1500 毫升的水平对置六缸发动机，事实证明，即使是像滨松制造商这样的大型企业，也是非常大胆的。这个决定是对整个项目进行轻微的重组，其结果就是本田大金翼 1000，一个令人印象深刻的水冷水平对置四缸发动机，由齿形传动带（保持安静）驱动的单顶置凸轮轴。它有轴传动、三个盘式制动系统以及豪华舒适性设计。由于它的重量和成本，导致它并不是任何人都能拥有的摩托车，也不适合城市交通。然而，不管尺寸如何，它都表现出意想不到的操控性。这是由于在工程师的精心工作下，采用了降低质量中心的原始方法。

214~215页图：零件和面板抛光处理，令人印象深刻的尺寸，处理驾驶人和乘客舒适性的成功使本田得到了历练，金翼也成为公路女王哈雷大滑翔的主要对手之一。

1975年
雅马哈 XT 500

许多人试图设计终极的摩托车，但结果往往令人失望。例如，开发目标在平坦道路、恶劣道路及泥泞道路上都能自由行驶的摩托车，通常都会有很多妥协。20世纪70年代，美国又一次确定了市场。美国拥有广阔的空间，摩托车有许多机会可以离开铺装道路，穿越野路。尽管在早期Scramblers（爬行者）车型不能长距离地越野穿越，但还是非常受欢迎，因为有时候适应性更重要。许多人注意到了市场的差距，特别是英国制造商和新兴的日本品牌。在这段时间里，他们大多忙于找到一条生存之路。例如，凯旋发布了带有越野特点的Scramblers车型TR5T 500，但在1973年美国六天越野耐力赛（Six Days Trial）中，它并没有产生什么影响。原因有许多，如重量、约束力，还有一件众所周知的事情，那就是地道的英国摩托车都有些缺陷。对于雅马哈来说情况不同，这是一家相对较新的公司（1955年由川上源一建立）。1975年，在日本其他制造商之前，雅马哈开发了XT 500，一款500毫升的四冲程耐力摩托车。由于许多海外国家的排放法规问题，采用了四冲程设计。500毫升的排量是为了在有足够转矩和功率的情况下，能平稳地驾驶还有乐趣。它在某些方面与BSA Gold Star类似，雅马哈在别人失败的地方取得了成功。这可能是由于雅马哈的创新，或是它的可靠和便于操控。不管是什么原因，雅马哈都为"双重性格"的摩托车掀起了一场盛大的流行风，在几年的时间里迫使所有的主要制造商把类似的车型投放到市场。

218~219页图：虽然它本质上是一个越野车，但XT拥有非常好的配置，就像一辆街车。靠近油箱加注口的红色盖子是机油加注口，装在车架上。

219页图：根据市场需求，所有的摩托车都会有或多或少的改进，XT500在前叉上装了后视镜，这在美国是强制要求。

　　XT 的强项首先是发动机。一款顶置凸轮轴、短冲程（缸径 × 冲程 84 毫米 ×84 毫米）设计单缸机。在 6500 转 / 分时可以发挥 30 马力，动力表现也不错（在 5250 转 / 分时为 36.9 牛·米）。XT 敏捷、活泼，能承受高转速，最重要的是没有振动。换句话说，就是一个惊喜。此外，它结实、安静，没有大量油烟，没有泄漏油，并且油耗也非常可观。这样一个优秀的发动机，安装在精心设计的底盘与分离式单吊臂框架中，顶部是油箱。变速器齿比较大，悬架、制动和车轮的比例非常好，不仅在恶劣路况下，甚至是纯粹的越野路，也有着难以想象的操控性。所有这一切，都得益于这些来自磐田的工程师。他们运用才智，通过使用最好的原材料来减轻重量，如镁合金曲轴箱和铝合金油箱。

　　总而言之，雅马哈引起了大型耐力赛用四冲程单缸机的趋势。摩托车是一个"万事通"，不管是柏油路、沙漠或者泥土它都可以去，有没有乘客都可以。

1976年
BIMOTA SB2 750

222 页和 223 页图：天赋异禀的马西莫·坦布里尼（Massimo Tamburini）制作的 SB2 是这个小制造商的转折点。几年前他们只是生产一些摩托车运动套件。

瓦莱里奥·比安奇（Valerio Bianchi）、朱塞佩·莫里（Giuseppe Morri）和马西莫·坦布里尼（Massimo Tamburini），提取这三个人姓氏的前两个字母，便组成了公司名字 Bimota。Bimota 总部位于意大利的里米尼，最初生产日本摩托车运动套件。精心打造的配饰立刻为公司赢得了良好的声誉。然而，对于坦布里尼这样创造性天才来说还不够，他开始制作自己的摩托车。在制作了基于 MV 的特别版车型后，他决定把注意力集中到新来的本田 750 上，这款车发动机很好，但底盘非常差。他于 1973 年对 CB750 进行了重新设计，于是一辆跑车诞生了：HB1（Honda-Bimota 1）。新的底盘非常出色，这款车的美誉从私人车手到大摩托车制造商都广为流传。然后，坦布里尼转而使用铃木发动机，制造了 SB1（Suzuki-Bimota 1），这是一款 500 毫升跑车。后来又推出了 SB2 街车，于 1976 年的车展上发布。这件事非常不可思议，坦布里尼使用 GS 750 的四缸发动机，创造了一款与众不同的超级摩托车。它的车架可从中间分为前后两部分。车架后半部分从底部与发动机相连，前半部分与中缸连接，同时向上逐渐收紧，在顶部形成一个锥形关节。这是一个结实、有刚性的结构，同时和摩托车（Motorcycle）这个可以分成两部分的单词一样，发动机(Motor) 可以随时拆卸下来。起初为了降低重心，将油箱安装在发动机下方，排气从发动机顶部穿过，经过座椅下方到达尾灯的位置。然而，由于热量和燃料供应问题，在正式投产时改用了更传统的布局方案。油箱再次位于顶部，四个排气管从头段合成一根置于底部。因为重新设计车尾肯定不可能，所以原来作为排气管出口的两个圆孔被安装上两个转向灯。

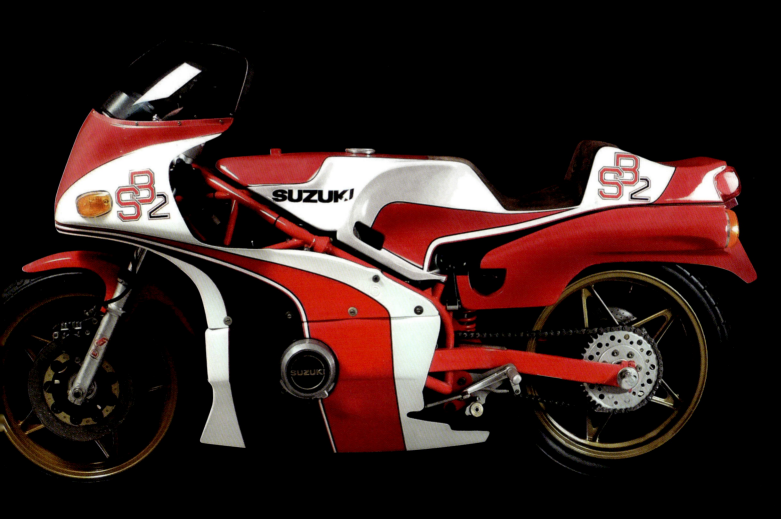

1980年
宝马 R80 G/S

75 Jahre BMW Motorrad
75 Years of BMW Motorcycles

1980　BMW R 80 GS

226 页上图：为庆祝宝马摩托车 75 周年而创作的海报。最前列的是 G/S。

226~227 页图：1996 年款 R80 G/S Basic 使用每缸两气门设计的水平对置发动机，这是宝马最后一款搭载此类型发动机的车型。

耐力赛以 160 千米 / 时的速度行驶，飞越沙漠沙丘。R80 G/S 是宝马在 1980 年打入越野市场的一款车。G 代表 Gelande（"越野"），S 代表 Strasse（"街道"），这样每个人都能知道这款非同寻常的摩托车拥有双重特质。该发动机仍然是水平对置设计，但这次被封装在新设计的车架中用于越野。对于宝马来说这不是一个全新的创新，因为自 1926 年以来，宝马就已经参加了越野赛，尽管当时都是使用改装过的街车。这种情况一直从第二次世界大战后持续到 20 世纪 70 年代。在许多比赛中都有 750 强大的身影，高耸的排气和宽大的轮胎是它的特征，穿行于越野和山脊的赛道之中。在 70 年代后半期，设计师 Rudiger Gutsche 带来了一个转折点。十年来，他一直效力于宝马，从事越野赛事中正式使用的摩托车开发和准备工作。第一个日本耐力赛车型的诞生改变了市场，对于 Gutsche 来说，这是激发他创造力和激情的源头。他先是自己酝酿了想法，接着又在官方进行讨论，最后着手设计出一款真正的宝马越野摩托车投放市场。在发展阶段，宝马联系了 Laverda 制造了几个测试框架。虽然没有后续的合作，但是为项目的成功奠定了基础。Gutsche 采用了所有常见的工程解决方案。除了前叉、后摇臂外，都是符合制造商传统的，如在 Imme 上使用的部件。这款摩托车很成功，获得了摩托车部门负责人 Eberhardt Sarfert、市场营销和销售经理 Karl Gerlinger 的祝福。在 1980 年秋季，R80 G/S 开始交付。直至今天，如果不是这款车确实有实力，就算考虑再多车辆形式，也不会在艰难的条件下，受到这么多骑行爱好者的赞赏。

1980年
铃木 GSX 1100 S KATANA

摩托车是很难在中立的状态做出选择的，要么喜欢，要么不喜欢。但是，对于有着特殊魅力的车型，如铃木 KATANA 就不一样了，完全没有回旋的余地。以滨松为基地的制造商已经有了一个"皇后"，GSX 1100 是一款四缸高性能赛车，性质平和，能够真正实现高性能。但是，在德国却没有得到赞赏，那里的热爱者偏爱具有强烈个性的摩托车，如 Laverda 1000 或 Moto Guzzi Le Mans。这就是为什么在 20 世纪 70 年代末铃木收到明确的要求，要为这个有时想法特殊且非同寻常的市场打造有性格的摩托车。对这个日本巨人来说，它的积极回应是不寻常的。事实上，制造商把这项工作交给了德国人汉斯·穆斯（Hans Muth），谁比已经成功设计好几款宝马的男人更合适？他一定会知道他的同胞的口味。穆斯接受了这个委托，他从 GSX 中汲取灵感，很快就创造了一个杰作。这个作品的风格今天仍然值得赞赏。一个四四方方的锥形线条突出了机械感。这款车的车身设计很长、低矮、光滑、简约。唯一的让步是有个小的前风挡，用来分流气流，使油箱后的乘客可以达到 240 千米/时的高速。在 1980 年的科隆车展上，它被授予了日本武士携带的著名弯刀的名字——KATANA。

不管它的路线是什么，对于某些人来说太过未来，因此容易产生误解。Katana 要感谢它的双顶置凸轮轴四缸发动机，在 8750 转/分能够产生 107 马力，并且由于其出色的操控性，很快就成为抢手货。把 KATANA 停在酒吧外或在高速赛道上飞驰是个美丽的愿景，如果驾驶员有足够的技术水平，那么可以拧动油门直接驾驶这款车去参加比赛了。

230 页图：铃木 KATANA 的车身线条显得非常有特点，顶部尖锐的整流罩，侧面很简洁，甚至车中间的三角区都没有覆盖件，座椅采用双色搭配。

231 页图：坚硬、运动的悬架；较低的手把、回旋式的脚踏和一个四缸发动机，这些设计都足够用来煽动情绪。

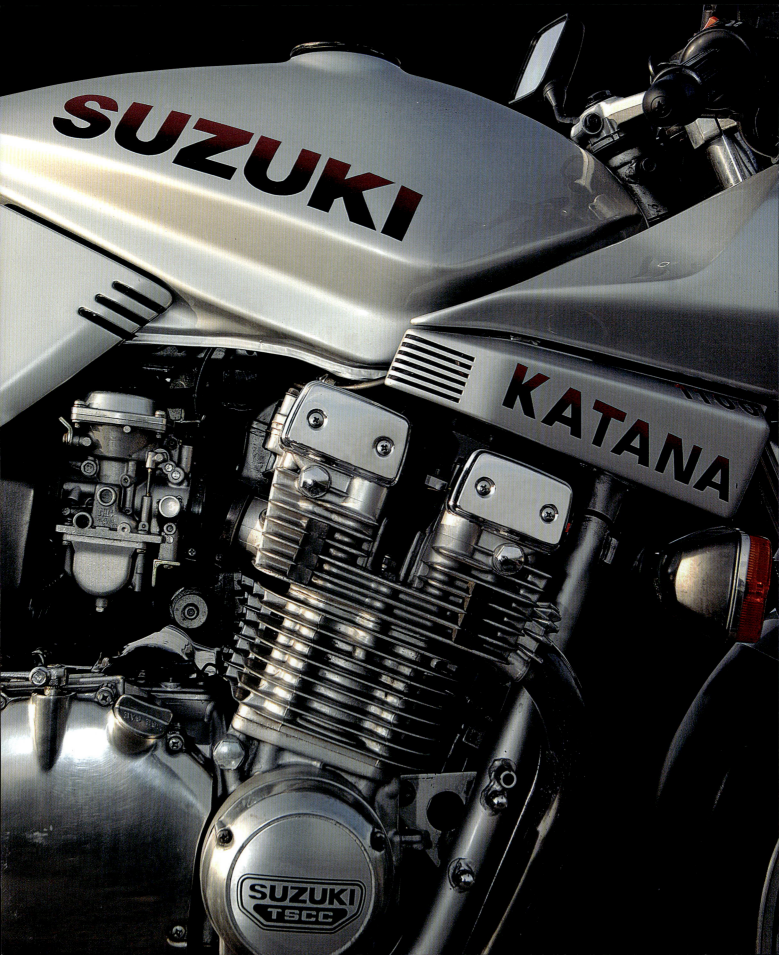

1987年
本田 VFR 750R RC 30

由本田和 HRC（1954 年成立的本田子公司 Honda Racing Corporation）的研发专家团队亲手组装，并且获得超级摩托车世界锦标赛有限的资格认证，并且极其谨慎地进行构建，只使用最高品质的材料。这些信息足以看出这是一款几乎独一无二的摩托车。尽管如此，这辆摩托车却未能在 1987 年发布时稳步销售，显然是由于价格惊人（2200 万里拉，比基本 VFR 价格高出一倍）。它的首次官方亮相在 1987 年的伦敦车展上，业内人士和爱好者都期待着的一款纯种跑车，也是广受尊敬的 VFR 衍生品。它不仅仅是一款大马力的赛车，它的特点就如同车名的首字母缩写一样——本田 RC 30（RC 代表 Racing Corporation 赛车公司，30 则是项目编号）。这是一款可以合法上路的赛车，它不需要特殊的调整或者维护，并且在日常使用中也易于操控，有较高的可靠性等，这使得它更加非比寻常。

车架采用铝制双横梁框架，源自耐力赛上使用的 RVF 750。后悬架采用单摇臂（日本制造商从 Elf 购买的专利）设计，搭配 Showa 单桶式减振器，并且是可大范围调整式。发动机也有独到之处，这是一款 90 夹角的 V 型四缸水冷发动机。但只是表面上保持了 VFR 发动机的基本特性，由于连杆使用了钛等材料，因此其重量轻得多。曲轴夹角的设计也有不同，从 180 度改为 360 度。

234~235 页：在 HRC 和 HONDA 的合作下为 VFR 开发了两套动力系统。这里展示的是乐富门涂装款。

1990年以后

高达两升排量的发动机和 200 马力的升功率；
由电子设备管理一切；越来越优雅、超前的设计；
直到几年前都不可想象的可靠性。

现在的摩托车要么是踏板，要么是大型摩托车，没有中间的那部分了。对于普通用户来说，那些希望交通工具忠实、简单、可靠的人，很难选择中间的那部分。中小型排量消失了。500毫升的排量曾经是道路女王，现在已经成为初学者的入门级车型。这些摩托车在使用上绰绰有余，在各种法律和规则的限制下，它们的表现十分丰富，但对大多数认为自己是专家的摩托车手来说，它们的作用很小或根本没有用处。此时的关键词是惊人和夸张的。随之而来的跑车升功率高达203马力，以前这种设计只局限于GP赛车。还有巡航车，装备着舒适的发动机，并且拥有与轿车般优雅的设计。越野摩托车也朝着这个方向发展，始于越野耐力赛的越野车型，现在已经由新的跨界发动机来取代了。从20世纪70年代开始，两冲程发动机便开始引领时代发展，但它的油耗很高，污染也很严重。因此，四冲程发动机又重回单缸越野车的怀抱，这些摩托车变得越来越专业化。这种摩托车，尤其是用于耐力赛的超级摩托车，具有大型的前盘式制动器和街道轮胎。它轻便，易于操控，在山路上立于不败之地。

即使是攀爬摩托车也发生了变化，从一片森林到另一片森林的短暂行程中使用的座椅，永久地从它身上消失了。一个专业的攀爬骑手都是站着的，如果你想坐着，最好买另一种摩托车。在这个不断变化的场景中，速可达（踏板车）又回来了。踏板车首次出现在20世纪初（来自英国的ABC Skootamota 和 Autoglider）。它在20世纪50年代和60年代因Vespa和Lambretta而声名鹊起。这是一个全面的、全球性的繁荣，迫使所有的制造商都在生产这种车型。杜卡迪、Aermacchi、Iso、Agrati、Maico、Zundapp、Puch以及凯旋、Sunbeam、Vélocette、哈雷戴维森和Jawa都准备好，开始提供更多不同造型的踏板摩托车。但是，这些车型并没有持续太久，只有比亚乔·维斯帕是例外。然而，他们在20世纪90年代回归，有着各种各样的设计和排量。MBK推出的Booster是1990年一款真正畅销的产品，至今仍和本田CN 250一样成功（尽管现在的名字是雅马哈BW）。从最初的宝马C1到Aprilia Scarabeo，这是一款大轮子的踏板摩托车，它让人想起了Guzzi Galletto。这是所有吗？不，因为这一领域也越来越需要性能和舒心，由雅马哈生产的T-Max 500、本田银翼600、铃木Burgman 650，还有速度超快的Gilera GP 800。

20世纪90年代和新千年的第一个十年见证了更多。为了继续留在意大利，杜卡迪凭借雷蒙德·罗奇（Raymond Roche）的第一个超级摩托车大奖赛冠军，开始在国际上崛起。越来越多的制造商在赛车界为自己树立名声，如威尼托地区的小厂家Aprilia，在短短的几年时间里创造了一个帝国。Cagiva总部是位于瓦雷泽附近历史悠久的工厂，直到20世

237页图：在许多聚会上都能引起人们的注意：后轮像疯了一样旋转，在沥青上留下黑色印记，空气中有烧焦的橡胶的刺鼻气味。

纪 70 年代末期才生产出 Aermacchi, Aermacchi-Harley-Davidson, 最后是 AMF-Harley-Davidson。此外，多亏了企业家约翰·布洛尔 (John Bloor)，凯旋重返市场。在这一系列的间歇之后，宝马从它的水冷三缸、四缸直列发动机，回到了华丽的水平对置发动机。本田推出了带有椭圆活塞的 NR 750。在经历了一段相当不愉快的时期后，Moto Guzzi 重新获得了声誉。然后，出现了一股街道摩托车的热潮。不管哪种类型的车型，街道、越野、旅行还是运动，它们都有共同的特点，即拥有计算机控制的燃油、动力分配和制动系统。修改一个发动机现在不再意味着打磨气道、增加压缩比或更换凸轮轴，而是重新撰写电控系统的控制程序，同时更换碳纤维排气系统。通常需要整个电控系统搭配好才会有可用的动力输出。然而，在新的千年里，我们也看到了一种想回归本源的愿望，用更简单、更轻、更传统、更经典的机器打造的车型。凯旋能最好地解释这种新趋势是胜利，它创造了传奇的 Bonneville。衍生的车型还有 Scrambler 和 Thruxton。然而，英国公司并不是唯一认识到这些新市场需求的公司。杜卡迪创造了由 GT、Sport 和 Paul Smart 组成的"经典"。本田首先有 CB 1300，然后是不那么狂热的 CB 1100，川崎的 W650 和随后的 W800，Moto Guzzi 新款的 V7 系列和 Norton Commando。这些摩托车的设计与当前高科技"导弹"背道而驰。但在这个新千年里，对"复古潮"的渴望是不容忽视的。这些摩托车的销售数据就可以证明，经典线条和现代技术可以完美结合。

238 页图：由吴宇森导演的电影《碟中谍 2》的一个画面，汤姆·克鲁斯饰演的主角驾驶着凯旋 Speed Triple。这部电影的演员还有安东尼·霍普金斯（Anthony Hopkins）、坦迪·牛顿（Thandie Newton）、布莱丹·格里森（Brendan Gleeson）和多米尼克·珀塞尔（Dominic Purcell）。

239 页图：由艾历士·普罗亚斯（Alex Proyas）于 2004 年执导的电影《机械公敌》中的场景，主角威尔·史密斯（Will Smith）和布丽姬·穆娜（Bridget Moynahan）正骑在一辆华丽的 MV Agusta F4 SPR 上。

1992年
宝马 R 1100 RS

这款摩托车是否代表了使宝马成名的辉煌水平对置发动机的进化？不可能。20世纪 90 年代初，德国制造商推出双缸发动机，除了两个相互对着的气缸外，其他都是新设计，这就是摩托车用水平对置发动机的重生。

与 20 世纪 80 年代 K 系列的三缸、四缸水冷发动机相比，这并不是一种后退，绝对是向前迈出了一步。除了发动机内部的零件外，发动机是全新的，小到最后一

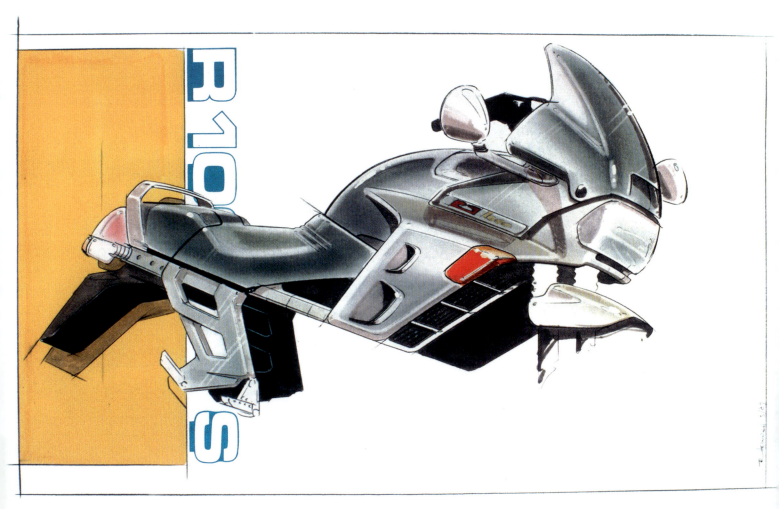

个螺钉,包括电子燃油喷射,取代了 Bing 公司生产的传统化油器。

那么正时系统呢?由双滚子链条、推杆和摇臂控制的单凸轮轴,每个气缸四个气门,共八个。除了一些手工改装的发动机外,水平对置发动机从未有过如此多的气门。这些都是为了让发动机有更大的动力、转矩和更好的燃油经济性。同时,也能减少有毒气体的排放,在一定程度上也要感谢三元催化的存在,但这个配置要选装。发动机只是 R 1100 RS 的众多创新之一,它是在 1992 年科隆国际摩托车展上提出的。它的造型是全新的,特别是前悬架的杠杆式前叉结构,使这个行业发生了革命性的变化。此外,车架也不同,它使发动机具有一定的承重功能。

总之,这个大型摩托车配备大量旨在提高舒适性和安全性的配置,如 ABS、三元催化、电加热手把和随时可调的风窗玻璃、车把、座椅。R 1100 RS 是一款保持着许多宝马基本元素和特征的全新车型,使该品牌名声大噪。

242~243 页图:这三幅图是 1986 年款宝马 R 1100 RS 的草稿——典型的日耳曼空气动力学造型,是利用工程技术和风洞开发的。

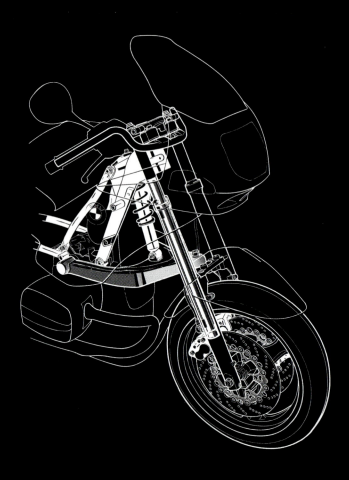

244 页左上图：用于宝马 R 1100 RS 的原创前悬架，被称为杠杆式前叉悬架系统。

244 页右上图：这款水平对置发动机结合了传统和创新。气缸布局、平顺性、高转矩和安静的特点，都使这台发动机重现往日辉煌：瞬时动力输出是 20 世纪 90 年代的标志。

244~245页图：和往常一样，宝马的新R 1100 RS 具有高质量的材料和设计。结果是一辆性能优良的摩托车，细节极佳。

1993年
杜卡迪 M900 MONSTER

怪物（Monster）是一款成功、时髦的摩托车，它创造了历史。即使距第一次亮相已有15年，它仍在市场上销售，且依旧是杜卡迪最受欢迎的产品之一。历史悠久的杜卡迪广告"Ducati Power（杜卡迪动力）"口号仍然是正确的。在过去几年的发展中，他们已经改变了许多，但是还保持着基本理念，那就是生产一种极简主义的街道摩托车，它展示了所有的工程美，而不把它隐藏在整洁造型的背后。这款车的关注焦点是由法比奥·塔利奥尼（Fabio Tagtioni）设计的L型发动机，并被亲切地称为"Pompone（Big Pump 大泵）"。此外，编制车架是另一个杰作。为什么要隐藏这一切？应该高举摩托车的基本形式。为什么不自豪地向全世界展示它的结构和工程？在这个想法下，米格尔·卡鲁兹（Miguel Galluzzi）从1992年开始工作。到现在为止，杜卡迪作为一个运动摩托车的制造商有着不可动摇的地位，并且毫不妥协，只为成功。一些骑士开始寻求不需要穿全套护具，也可以每天都骑的摩托车。因为过于运动的车型会导致手腕疼痛，所以必须寻找一些新车型。最早的博洛尼亚巡航车是20世纪70年代的750 GT。卡鲁兹从工厂可提供的东西入手，先从发动机开始。90度夹角双缸L型发动机，从20世纪70年代初的500 SLPantah上的发动机衍生而来。凸轮轴的斜齿齿轮驱动系统由更安静、更便宜、更简单的齿形带取代。这位出色的设计师选择了一个904毫升发动机，安装在900 SS上，搭配空气/机油冷却，六速变速器，可平顺地产生71马力。车架是基于851/888的。这些都直接来自赛车世界，杜卡迪世界的首选组件。唯一缺少的是"衣服"，它不需要太多的遮盖，相反，它根本不应该覆盖。非常标新立异。一个漂亮的油箱与座椅结合在一起，它足够大，能搭载乘客，但时间不能太久。为了让侧面三角区的编制车架不被遮挡，侧面板只有略微的轮廓。两个位置略低的排气管、盘式制动器、倒置前叉、单桶减振器组成了全部结构。

一款令人惊叹、独特的摩托车诞生了——M900（这是它最初的名字）。它既不是一款非常运动的车型，也不是休旅车型。它能够乘坐两个乘客，但乘客肯定不舒服。它非常快，为了充分享受纯粹且易于操控的驾驶乐趣，推荐单人骑行。这款相当大胆的作品在科隆车展上发布。让人惊讶的是，它没有任何表面覆盖件，甚至连一个小小的前罩都没有。这是人们期待已久的回归纯粹的风格，一款赤裸的、没有装饰的街道摩托车。

在900之后，又有了更平静的600毫升排量发动机，一个为新手准备的动力系统。接下来是750和2000年搭载916毫升发动机的S4，水冷每缸四气门。最后是搭载了999毫升双缸发动机的S4RS，带有Testastretta可变气门正时系统。发动机可能会改变，动力系统和排气系统也会改变，但吸引力不变。这就是Monster的美丽之处。如果你不愿意花太多的体力和财力，那么你可以选择一些过时的车型。但最强大的还是S4RS或更新的696。Monster是摩托行业中产量最多的车型之一，销量超过20万辆。

248~249页 图：Monster拥有强大的个性，经常被新手和女骑士选择。更强大的版本，比如MonsterS4R，就是为更多的专家级车手准备的。

1996年
BUELL S1 LIGHTNING

短，非常短，而且紧跟潮流毫无覆盖件。有着特别声浪的排气管，在世界摩托车领域中，Buell S1 Lightning 是非同寻常的一款车。它非常特别，需要彻底地理解才能被欣赏。一旦跨上这款车并让那台双缸发动机进入全力咆哮状态，你就可以享受"直线攀升"的动力曲线，并面对一个又一个的乐趣。或者漫步在城市里，倾听摩托车留下的嗡嗡声。S1 Lightning 因其长度有限而不太稳定。这款小型摩托车的制造者是来自美国的埃里克·布埃尔（Erik Buell），他在哈雷戴维森工作了多年后，决定创建现在被称为运动专家的密尔沃基制造商 Buell。

S1 Lightning 的核心是一台 1200 毫升 45 度夹角的 V 型双缸发动机，来自于它"表弟"Sportster，经过重新调校和增强。最初，它的转矩足够，但功率不足。对活塞、油路、缸顶和凸轮轴进行的熟练调整可以增加到 81 马力。为了控制振动，发动机用布埃尔自己设计 Uniplanar 系统固定在车架上。由圆形钼铬钢管包裹发动机并支撑着非常紧凑的气缸。极简主义的车座设计，可以坐一名乘客。法律规定车尾须安装车灯和车牌照，否则车尾就只到车座了。减振器和大排气管位于发动机下方。它是一款无覆盖件的街道摩托车，只要你知道如何驯服它，它就能保证你的乐趣，为了做到这一点，你必须爱上它。

252~253 页图：由于专家的调校，与哈雷戴维森 Sportster 1200 相比，安装在 buell 上的 V 型双缸机的功率提高了近 35 马力。

1998年
杜卡迪 MH 900E

1978 年，麦克·海伍德（Mike Hailwood）在多年之后重回赛道。他参加了曼岛 TT 大奖赛，并获得了胜利。这主要是由于他的超强能力，但摩托车也起到了一定的作用。他骑着一辆由 NCR (Nepoti Caracchi Racing) 车队准备的杜卡迪。这是一项令人难以置信的壮举，第二年来自博洛尼亚的制造商为了庆祝胜利生产了 MHR 900——麦克·海伍德坐骑的复制品。20 年后，杜卡迪设计中心经理皮埃尔·特布兰奇 (Pierre Terblanche) 的画笔让狂热者们对海伍德坐骑复制品有了现代化的新解读。复古元素和现代元素的完美组合，令 L 型双缸机车迷大吃一惊。新设计在慕尼黑车展上展示，介绍说明应该只是一个设计风格探索。

对它的热情和需求如此之高，以至于杜卡迪决定小批量生产 2000 台。有些功能太过极端，如由摄像头代替后视镜，插入排气管的转向灯，这些都被更传统、更实际的功能取而代之，更重要的是，这些功能都是用于街头行驶的。这款车车头的特点是它的小圆形头灯和整流罩，车尾则是一个漂亮的钢管单摇臂作为主要元素。发动机方面没有什么创新，还是使用那个已大获成功的著名机型，常规 90 度夹角 904 毫升双缸机，带有 Desmodronic 气门系统，顶置凸轮轴、每缸两个气门、电子燃油喷射系统。

在这个时候，新千年的前夕，它的营销完全通过互联网进行。

256 页图：尾部的特点是位于中心的制动灯和两个大排气管，排气管同时支撑着牌照架和转向灯。

257 页图：最初 MH 900E 原型车的特点是缺少后视镜，这些后视镜被摄像头所取代，还有由特殊材料制成的盘式制动系统。这些设计都为了量产而被放弃。

258~259 页图：这款车型是通过互联网独家销售的，简单快捷。小的整流罩揭示了这款车优秀的风冷发动机和管状框架。

1999年
铃木 GSX 1300 R 隼

一枚导弹、一道闪电、一颗子弹，当它在1999年3月第一次出售时，有许多摩托车爱好者对这款摩托车的性能印象深刻，这是理所当然的。

它强大的16气门四缸发动机，近1300毫升，177马力，铃木公司的这款机器最终车速能够超越传奇的300千米/时屏障，在0至400米加速中所需时间可以低于10秒。为了买到它，你需要2300万里拉(11878欧元)，比它的直接竞争对手本田CBR 1100XX略低。然而，隼这个名字取自第二次世界大战期间使用的日本著名战斗机。它不同于本田和其他所有大型摩托车。

这款车不同于人们常说的，为了达到令人惊叹的高性能而注入大量"蛋白粉"的大型摩托车。它也不是针对寻求刺激的年轻人所设计的运动型摩托车。当这款四缸发动机达到最大转矩时，你很难跟得上它，它拥有几乎不可控的强大动力。

滨松的新车是技术成熟的摩托车，它能自如地在日常交通中移动，也能保证令人难以置信的性能，就像一辆真正的GP赛车。在骑它的时候，你可以体会到它的稳定性，即使是在高速行驶的时候，车头也很稳定。尽管它的名字出自杰出的战斗机，但它似乎是粘在道路上的。要把油门拧到最大需要些勇气。隼并不会前轮抬头，而是以惊人的镇定控制着暴力输出。在全力用完所有6个挡位后，这款车的移动速度将超过300千米/时。

262~263页图：不管它的外观，如果你不把它推到极限，铃木隼也可以很温顺，容易驾驶。为了让隼发挥出全部性能，必须成为一位专业骑手。整流罩并不是特别大，在高速行驶时，骑手必须弯下身、靠近油箱来避免被气流或异物撞倒。

2001年
本田 金翼 1800

用数字就能代表这辆摩托车。一个六缸水平对置发动机，排量 1800 毫升，在 5500 转/分时，动力输出几乎有 120 马力。如果这些事实不足以让你对这辆摩托车有一个清晰的概念，那么这里还有更多的数据：2.63 米长，轴距大约 1.7 米，它重 363 千克，没有负载。如果你在旅行时习惯带很多行李，没问题，因为这款摩托车配有两个边箱(40 升容量)和一个固定的行李舱(61 升容量)。所有这些因素使得本田金翼 1800

如同一艘豪华的远洋游轮。从 20 世纪 70 年代的第一个四缸版本开始,这个日本巡航车已经取得了长足的进步。即使不穿防护服,它现在有了大整流罩,或者更确切地说,是一个如同房子般真正完整的车身,可以给予驾驶人和乘客全方位的保护和安全感。发动机的排量已经增长,达到 1100 毫升,然后是 1200 毫升,一直到 20 世纪 80 年代末人们期待已久的六缸 1500 毫升。为了在新千年的道路上行驶,本田决定进一步提高水平对置发动机的动力,排量上升到 1832 毫升。不仅功率和转矩提高了,而且加速也很顺畅,甚至更平稳。只需轻拧油门,伴随着六缸非同寻常的排气声就可以轻松地移动。另外,还有一个辅助设计,由一流的整体制动系统(三个盘式制动器和三活塞卡钳)、防俯冲悬架和一个铝制双梁框架组成。

舒适度是超乎想象的,一些标配或选配的设备,如收音机、CD 播放器、对讲机和定速巡航等应有尽有。正如你所想象的,这一切都需要付出相当大的代价,一切从 50 340 000 里拉(26 000 欧元)开始。

266 页图:巨大的本田金翼 1800 车头。

266~267 页图:与之前的版本相比,金翼 1800 的线条更柔和、更苗条,棱角越来越少。发布时,它有三种颜色:栗色、银色、蓝色。

268~269 页图：尽管它的大尺寸令人印象深刻，但本田的大旅行车很容易驾驶。它的重量集中在较低的部分，一旦运动起来，你几乎感觉不到它。

269 页上图：金翅的仪表台令人印象深刻。即使是在一款顶级摩托车上，定位系统似乎也是过度奢侈的。

2001年
哈雷戴维森 V-ROD

在所有伟大和历史悠久的摩托车制造商中，哈雷戴维森是最传统的摩托车制造商之一。它总是忠实于其巨大的 V 型双缸发动机，至今仍安装在其华丽的摩托车上。当它展示真正革命性的 V-Rod 时，哈雷震惊了忠实的用户们。VRSC：[V 代表 V 型双缸发动机，R 代表竞赛（Racing），S 代表街道（Street），C 代表定制（Custom）] 是一款全新的摩托车，从与保时捷合作设计的发动机开始。唯一有"历史"性的地方是气缸数量、V 形排列的双气缸，以及 1130 毫升的大排量。对于这样一个以传统为基础的品牌来说，要改变这三个因素就太过于大胆了。然而，其他地方都是完全不同的，包括气缸夹角，现在是 60 度，原来是 45 度。但这并不是变化的全部。正时系统采用双顶置凸轮轴，由链条驱动，每缸四气门。还使用了电子燃油喷射系统，内部零件的冷却则令人难以置信（至少对哈雷来说），不再用空气而是水。各种管路、散热器及相关泵都被巧妙地伪装起来。要革命化一个传奇是可以的，但是需要更多的时间和机智！最终的结果是，一个似乎保持了密尔沃基制造商著名特点的发动机。看起来是因为当其他双缸机达到最大功率时，这个新动力单元仍不能以足够的转速获得最大转矩，在 7000 转 / 分时转矩为 100 牛·米。但哈雷戴维森的动力还是比较惊人的，以 8500 转 / 分的转速可以达到 117 马力，即 103.19 马力 / 升。谁说这家公司生产的摩托车只适合在美国高速公路上悠闲地行驶？如前所述，这一切都得益于保时捷的贡献。事实上，自两家制造商开始成功合作至今已经 30 年了。

因此，V-Rod 有一个新的心脏（短

冲程，或者叫作 Superquadro），车架和前叉也是完全重新设计的。然而，对于最铁杆和传统的车迷来说，这款摩托车并没有为美国制造商带来一个新时代，仅是该级别车型中的一个激进代表。这款摩托车的车架有一个钢制可拆卸的双吊架，如有需要发动机可随时拆卸。这些管子都很厚，以使其具有合适的刚性，并且是通过液压成形的，这依赖于难以置信的高压水。这种方法可以在不破坏钢管的情况下进行更小的角度成型。对于特别长的前叉，技术人员更倾向于使用较轻的铝，并结合两个可调减振器。车头使用了传统的前叉设计，倾斜角度为 38 度。

据了解，V-Rod 项目是对密尔沃基双缸最铁杆拥趸的要求和愿望进行彻底的分析后，于 1995 年开始启动的。尽管发动机的设计是由大量美国和德国工程师负责监制的，但两位创始人之一的侄子威利 G. 戴维森却把自己的名字写在了这个项目上。

272~273 页图：在力学和美学方面，V-Rod 确实打破了常规的哈雷模式。这台车从一个红绿灯加速到第二个红绿灯会有非常棒的表现。

2004年
凯旋 ROCKET III

即使这个名字与20世纪60年代后期生产的凯旋750相同,但这个Rocket是全新的,除了同为750毫升三缸外,与之前的版本没有什么共同之处。然而,对于30年前的运动型摩托车来说,数字750是终级的排量。而对于这辆巡航车来说,750这个数字代表每个单缸的排量,乘以3就会得到2294毫升。

由约翰·莫克特(John Mockett)设计的凯旋Rocket III拥有无可否认的实力,可以进入世界优秀摩托车行列。采用这样一个大型发动机的决定并不是纯粹的技术原因,更多的是来自激情、欲望和骑乘这样一辆非凡摩托车的吸引力。

这是英国工程师的指导方向。看上去令人印象深刻,但是当按规则被测试时,

276页图:新款凯旋Rocket III的车头与车尾,两个小圆形前照灯是它的特点。

277页上图:强大的Rocket III设计初稿之一。这款摩托车的风格设计也是约翰·莫克特的杰作。

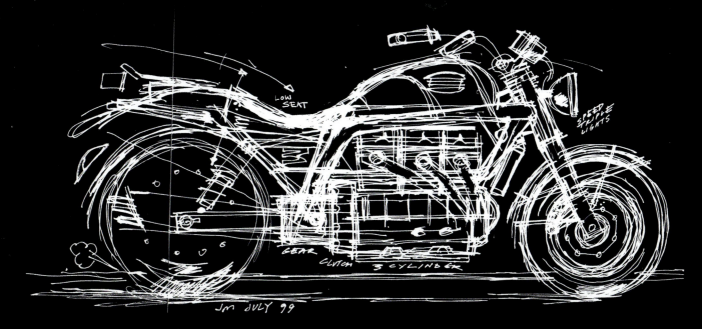

它也是一款非常容易驾驶的摩托车。很温顺，特别是在宽广、长长的直道上骑行时。发动机和车架都对这款摩托车的成功做出了同样的贡献。该发动机具有令人印象深刻的转矩（200牛·米，仅需2500转/分），尤其是在2000~5000转/分之间，能够产生142马力，车架尺寸合理且平衡。但是很多人会说，这很容易做到。这个三缸双顶置凸轮轴发动机灵活性的优点到底在哪里：你可以很容易地在五档1500转/分的状态下骑行，而且只要你想要，完全可以全油门冲刺到220千米/时。唯一的负面影响是320千克的重量，这对在狭窄道路下驾驶的机动性和操控性没有帮助。

277页下图：尾灯和大宽胎（240/50 16英寸）

278 页上图：对于新的 Rocket 来说，它采用了轴传动，安装在车辆的左侧，排气管只有一根安装在另一侧。

278 页下图：自从发明了许多可选功能后，已经可以定制摩托车了。从 TRIBAL 的车身涂装到双人座椅，再到雾灯都可定制。

279 页图：一辆创意源自 20 世纪 90 年代后期的大型巡航车，忠于三缸的设计，只改变了排量，慢慢地增加到 2300 毫升。

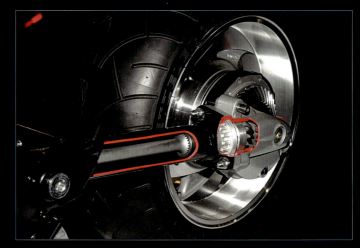

2007年
MV AGUSTA F4 R312

被认定是终极机器后还能再提升吗？是的，MV 做到了。快得不可思议的 F4 1000R，是由 Massimo Tamburini 设计的，经过精心调整，创出更加令人兴奋的 F4 R213，能够达到 312 千米/时的惊人速度。克劳迪奥·卡斯蒂廖尼（Claudio Castiglioni）制造的摩托车都是梦幻车型和收藏品。没有别的原因，就是因为他背后的历史和技术特点，以及他们令人难以置信的精准的装配工艺。这家位于瓦雷泽的制造商拥有多达 75 个世界冠军头衔。让我们回到 F4 R312，一个完美的升华。发动机是近十年勤奋工作和提升后的产物。著名的四缸发动机标志着 MV 重回摩托车的世界，这款发动机拥有双顶置凸轮轴、每缸四气门、湿式油底壳、水冷以及一个可拆卸的六速变速器。由于进气管较短，节气门加大，钛制气门更大更轻，并配有新的凸轮轴，加上具有宝贵的 EBS 系统（发动机制动系统）的 Magneti Marelli 5SM ECU 协调，技术人员设法调校出额外的 9 马力和 500 转/分，使它能够在 12 400 转/分时输出 187 马力。这对于一台 1000 毫升的发动机来说很不错。从超级摩托上延续下来的编织管状车架、顶级悬架和制动系统使这款车宛如一台顶级摩托车。最后，如果你问自己的摩托车能达到 312 千米/时的最高速度吗？那么答案是肯定的。《Motociclismo》杂志的测试人员在 Nardo 跑道的高速环线上进行测试，结果为 311 千米/时。

282~283 页图：MV F4 R312 的惊人表现，部分是由于其强大的四缸发动机和较小的车头，使它具有更好的空气动力效应。

284 页图：只有两种颜色可供选择：珍珠白搭配黑色，或者灰色搭配红色。F4 有一个铬钼钢编织框架。单摇臂由铝合金制成。

2007年
杜卡迪 DESMOSEDICI RR

这款摩托车的背后有很多名字，如洛里斯·卡皮罗西（Loris Capirossi）、赛特·吉伯诺（Sete Gibernau）、瓦伦提亚洛·瓜雷斯基（Vittoriano Guareschi）和艾伦·詹金斯（Alan Jenkins）。但最重要的是有一家公司，艾米利亚的一家小公司，值得与世界摩托车巨头站在一起。因为一群对发动机充满热情的男人，这片土地上还有全世界都羡慕的另外一抹红——著名的法拉利。

杜卡迪 Desmosedici RR 是 GP6 的直系后裔。GP6 是 Capirossi 和 Gibernau 在 2006 年 MotoGP 世界锦标赛中使用的摩托车，能将这两款车联系起来得益于 Ducati Corse（杜卡迪赛车队）的官方测试人员 Vitares Guareschi。碳纤维整流罩的形式和线条是艾伦·詹金斯（Alan Jenkins）的杰作，杜卡迪华丽的 MotoGP 赛车也是出自他的手。这是 Desmosedici RR 的独家商标，是一辆 GP 摩托车的真实翻版。这是一件艺术作品，从钢管和钢板一体化混合的车架开始，到直接在发动机缸体上安装的铝合金箱形截面单摆臂。所用的水冷发动机有四个气缸，排列成 L 形。带有 Desmodromic 气门控制系统，一个联动控制的双顶置凸轮轴。传动系统是一个可拆卸的六速变速器。镁合金和钛被广泛使用，以降低重量和增加许多细节的强度。就像官方赛车一样精致。这辆摩托车有六个重要的数字：1000 毫升、171 千克、13 800 转/分时 203 马力、10 500 转/分时最大转矩为 115.7 牛·米和（唯一不愉快的数字）6 万欧元。对于许多人来说，这将是个保持不变的梦。

286~287 页图：这款车有两种颜色：GP 红和红白相间。还有一个特点是七辐 Marchesini 镁合金轮圈。

2008年
BIMOTA DB7

裹着杜卡迪双缸发动机,整车外观部件都是碳纤维材质,只有油箱是塑料制成的。官方宣称在 10000 转 / 分时有 162 马力,重量为 172 千克,使这辆车的速度可以轻松达到 270 千米 / 时。

优雅、独特、精致，散发着魅力，十足的意大利风格。Bimota 关注的更多是产品独特性，而不仅仅是数量。DB7 肯定是这样的。经过几年的黑暗，里米尼制造商成功地重新树立了自己的品牌。Bimota 成立于 20 世纪 70 年代，是 Rnake 为日益发展的日本发动机提供优质底盘而设立的，但当日本人开始生产更适合发动机性能的精致车架时，Bimota 遭受了严重的损失。这要感谢一批商人，特别是 Roberto Comiti，在新千年开始时，Bimota 又设法重整旗鼓，再次开始生产有着惊人道路、赛道表现，以及称得上真正的收藏品级别的摩托车。为了重新启动，里米尼制造商选择了 Borgo Panigale 工厂的发动机，最新的产品是 DB7（Ducati-Bimota 7），动力系统来自广受赞誉的 1099 毫升双缸发动机，该发动机配有八个 Testastretta 可变正时系统的 Desmodromic 气门系统，该系统也装备于杜卡迪 1098 上。

排气系统和燃料供应系统都已经更新，发动机也需要承重，装在一个椭圆铬钼管与铝板组成的优质框架中。前叉和单管减振器也是用框架相同的材质制成的。整流罩、座椅支撑和许多细节都是碳纤维材质的。前叉、减振器和制动器都是国际市场上最好的品质。每个细节都处理得很仔细，而且只使用高档材料。一切都显示出了独特和精致，也反映出制作者的热情，包括 Roberto Comiti、Andrea Acquaviva、Enrico Borghesan、Piero Canali 和 Dan Epps。

2009年 APRILIA RSV4

294 页图：Aprilia 的正面图，这款摩托车的两大特点在于纤细的外形。进气口上方是三个前照灯，转向灯融入翼型后视镜中，原创且有吸引力。

295 页图：如果它不是特别宽的车轮，有人甚至可能会误以为它是个小型 125 毫升摩托车。和赛车一样，尾部有很高的角度，只能容纳一个骑手的座位。

这是一款非常紧凑的 1000 毫升跑车，拥有流线型的侧面。当你仔细观察 Aprilia RSV4 时，你会惊讶地发现它非常狭窄，而且它的总体尺寸更像 250 毫升而不是 1000 毫升的摩托车。事实上，确实没有其他方式了。这款车是位于 Noale 的摩托车制造商为了比赛而设计开发的。Aprilia 有两个目标：一是希望在超级摩托车锦标赛上重新打响品牌；二是与市场上著名的同级竞品相比，为爱好者们打造出更好的超级摩托车。选择手工组装证明这是一辆独特且潜力十足的摩托车，无论是在公路上还是在赛道上，都能留下持久的印记。RSV4 搭载一款 65 度夹角纵向 V4 四冲双顶置凸轮轴发动机，每缸四气门，加上三重映射线控系统，在 12 500 转 / 分时能发挥 182 马力。燃油系统由四个高度可变进气喇叭、四个 Dallorto 蝴蝶阀和八个 Marelli 喷油器以及多重映射线控系统组成。换句话说，它拥有很强大的功能，可支持电子设备，可进行简单而智能的管理。这个新款 Aprilia 发动机的核心部件还配备了防锁死滑动离合器和独立变速器单元，可以在不拆卸发动机的情况下随时快速更换变速器。发动机被封闭在一个带有混合浇铸和压制板材的双梁式铝合金框架内，不仅有主轴箱位置和角度，还有发动机高度和摆臂高度。对于那些在正常交通条件下、在公路上驾驶摩托车的人来说，这些调整可能有些不必要，但是周末赛道上竞技的赛车爱好者们将会非常喜欢。

摩托车一直是自由、旅行、冷静和乐趣的代名词。它们体现着技术逐步而持续的发展。摩托车的起源可追溯到19世纪下半叶，那时诞生了奇怪的两轮和三轮式的机械装置。它们不稳定、不实用，但因为发动机的存在（一种晃动、冒烟、吵闹的机器），它们成为了人类摆脱畜力运输的工具。伟大的旅程已经开始，成百上千的公司因此成立，虽然不全都成功，但它们仍致力于制造摩托车——这种需要学习很多操作、进行很长时间练习才能驾驭的交通工具。

多年来，辅助骑手驾驶的技术层出不穷，摩托车本身的性能也大幅提升了，成为更易于驾驶、更符合人机工程学的交通工具。最初的摩托车长得几乎一样，但后来外观的设计也渐渐变得越来越重要。

本书收录了很多稀有、珍贵车型的图片和资料，为读者展现了摩托车的辉煌历史。同时，书中也涵盖了很多更简单、基础的车型，它们在摩托车世界里有着同样重要的地位。这个神奇的由技术、机油和燃料组成的摩托车世界，更是由人们的激情、渴望和理想作为支撑的。

Legendary Motorcycles/by Luigi Corbetta /ISBN 978-88-540-2386-4
Copyright @ 2009 White Star s.r.l.
Piazzale Luigi Cadorna, 6
20123 Milan, Italy
www.whitestar.it
WS White Star Publishers® is a registered trademark property of White Star s.r.l.

All rights reserved. No part of this publication may be reproduced, stored in a retrieval system or transmitted in any form or by any means, electronic, mechanical, photocopying, recording or otherwise, without written permission from the publisher.

This title is published in China by China Machine Press with license from White Star. This edition is authorized for sale in China only, excluding Hong Kong SAR, Macao SAR and Taiwan, Unauthorized export of this edition is a violation of the Copyright Act. Violation of this Law is subject to Civil and Criminal Penalties.

本书由 White Star 授权机械工业出版社在中国境内地区（不包括香港、澳门特别行政区及台湾地区）出版与发行。未经许可之出口，视为违反著作权法，将受法律之制裁。

北京市版权局著作权合同登记 图字：01-2016-1899 号。

图书在版编目（CIP）数据

逐风机器：世界经典摩托车鉴赏 /（意）路易吉·科尔贝塔（Luigi Corbetta）编著；童轲炜，汪晶译 . — 北京：机械工业出版社，2019.8

（世界经典名车译丛）

书名原文：Legendary Motorcycles

ISBN 978-7-111-63535-2

Ⅰ．①逐⋯ Ⅱ．①路⋯ ②童⋯ ③汪⋯ Ⅲ．①摩托车—世界—图集 Ⅳ．① U483-64

中国版本图书馆 CIP 数据核字（2019）第 182256 号

机械工业出版社(北京市百万庄大街22号　邮政编码100037)
策划编辑：李　军　责任编辑：李　军　杨　洋
责任校对：李　杉　责任印制：张　博
北京新华印刷有限公司印刷
2020年1月第1版第1次印刷
218mm×252mm・18.5 印张・2 插页・554 千字
0001—3000 册
标准书号：ISBN 978-7-111-63535-2
定价：168.00元

电话服务　　　　　　　网络服务
客服电话：010-88361066　机　工　官　网：www.cmpbook.com
　　　　　010-88379833　机　工　官　博：weibo.com/cmp1952
　　　　　010-68326294　金　书　网：www.golden-book.com
封底无防伪标均为盗版　机工教育服务网：www.cmpedu.com